Nahui Olin
La mujer del sol

Adriana Malvido

Nahui Olin
La mujer del sol

*Con un abrazo
del tamaño
del sol.*

*Adriana Malvido C
Querétaro
8 de Julio, 2010*

CIRCE

Primera edición: Julio, 2003

Título original: «Nahui Olin, la mujer del sol»
Copyright © 1993, Adriana Malvido.
© de la presente edición: CIRCE Ediciones, S.A., Sociedad Unipersonal
Milanesat, 25-27. 08017 Barcelona

Diseño gráfico: Ferran Cartes/Montse Plass

ISBN: 84-7765-218-X

Depósito legal: B. 33.435-XLVI

Fotocomposición gama, sl
Arístides Maillol, 3, C. 1.a. 08028 Barcelona

Impreso en España

Derechos exclusivos de edición en español para todos los países del mundo excepto España.

Índice

Agradecimientos

Hay dos queridísimas personas a quienes debo un agradecimiento especial: Elena Poniatowska y Carlos Payán.

A Elena Poniatowska porque ella fue quien me animó a escribir este libro, porque en todo momento conté con su valiosísima orientación, porque desde nuestro primer encuentro me abrió su archivo y su biblioteca de manera que salí de su casa cargada de libros y documentos. Pero principalmente salí siempre contagiada de su energía, su «buena vibra» (como ella dice) y su amor al trabajo.

Entre múltiples viajes y compromisos, Elena Poniatowska siempre tuvo tiempo para ayudarme: leyó y corrigió el texto, tradujo, del francés al español, los poemas con los que Nahui Olin integró su libro *Calinement je suis dedans* para que yo pudiera incluirlos en mi información y compartió conmigo sus propios hallazgos. A su generosidad y a la alegría con la que la ejerce, les debo este libro.

A Carlos Payán por su apoyo de siempre, por su visión, porque fue él quien me pidió para *La Jornada Semanal* el primer reportaje sobre Nahui Olin que dio origen a este libro.

Cuando casi nadie recordaba a Nahui Olin y menos aún la apreciaba, Carlos Payán ya estaba hechizado con el retrato que le hizo Edward Weston y que desde hace diez años conserva en su escritorio. Ahí empezó todo. Y en su confianza.

La colaboración, el apoyo y el interés de las siguientes personas, en diferentes epígrafes, resultó inestimable en la realización de este libro:

Myriam Cerda, Jesús Sánchez Uribe, Fausto Rosales, Teresa Martínez Arana, Guillermo Arriaga, Rebeca Cerda, Sandra Berríos, Roger Bartra, Rolando de la Rosa, Yamina del Real, Miguel Ramírez Vázquez, Braulio Peralta, Roberto y Neneka Malvido y Miguel y Asunción Álvarez.

Gracias mil a Tomás Zurián por su interés y su generosidad al compartir conmigo sus valiosos y continuos descubrimientos sobre la vida y la obra de Nahui Olin. Y a Blanca Garduño, por su solidaridad.

Por su comprensión a Miguel, Mónica y María.

Gracias, también, a los familiares de Nahui Olin, que compartieron conmigo sus recuerdos y sus fotografías: Guadalupe Del Río, Guadalupe Pesado de Del Río, Beatriz Pesado, Beatriz Aguilar y María de la Luz Tagle de Aguilar.

Además, quiero expresar mi agradecimiento a todas las Mondragón, sobrinas de Nahui Olin, que prefirieron el anonimato pero que aportaron valiosos datos a la investigación.

Para Miguel, indudablemente

Weston registra el alma
de Nahui.

Prólogo

Adriana Malvido toma la foto entre sus jóvenes, sus delgadas manos. La mira, ¿qué tienen esos ojos? La atrapan, Adriana vuelve a mirar. Los ojos se apoderan de ella, diabólicos, igual que años atrás le ocurrió a Tomás Zurián, y antes todavía al Dr. Atl, a Diego Rivera, a Carlos Chávez, a Edward Weston, a Raoul Fournier, a Antonio Garduño, a Eugenio Agacino, el capitán de navío y ¿por qué no? a Manuel Rodríguez Lozano. Entre todos, sin embargo, el general Manuel Mondragón fue el primero; a él, antes que a nadie, sedujo el resplandor de ese par de soles, de incendios, de infiernos. Esa niña impredecible, de bucles rubios, berrinches y pataletas, esa criatura suya es la encarnación de Luzbel, el ángel caído.

¿Qué tienen esos ojos? Adriana Malvido, mujer, madre, reportera, tarda en encontrar la respuesta en medio del pasmo. Un hecho resulta ya innegable: Adriana es víctima de Nahui Olin. A partir de ese día su alma le pertenece. No podrá dejar de pensar en ella, de imaginarla, de encontrársela al abrir la puerta, al llevar a los niños a la escuela, al subir la escalera de La Jornada, al abrir su libreta de apuntes. Lleva su obsesión hasta las charlas de sobremesa. Su marido le dice: «Estás ennahuizada.»

Ennahuizada comienza a recorrer las calles de México, la colonia San Miguel Chapultepec, Tacubaya, la avenida Juárez, la Alameda, Madero, Isabel la Católica, el Zócalo. Por sus manos sensibles pasan los periódicos de los años veinte, de los treinta; lee en la hemeroteca acerca de los mejores años de México,

cuando José Vasconcelos, Diego Rivera, José Clemente Orozco y David Alfaro Si-
queiros conciben un país fabuloso, un país que se levanta de entre las cenizas de
la Revolución gracias a un acto amoroso: el de la creación. El arte es de todos,
la poesía tiene que leerse en las plazas públicas, habrá libros para los campesi-
nos, maíz, maestros, luz eléctrica, pintura, niños felices, hombres felices, mujeres
felices.

Algo irrepetible sucede con la cultura mexicana que se expande y se en-
grandece, se vuelve dominio del pueblo a la vez que alcanza dimensiones univer-
sales. Es en medio de este resplandor que aparece el misterio bautizado Nahui
Olin por el Dr. Atl.

Adriana sabe que tras el dramatismo de esos ojos hay algo más. Parece que
la piel de Nahui está escribiendo. Sus ojos son de un erotismo brutal, hasta vio-
lento. No hay hombre o mujer en México y a principios del siglo XXI que se atre-
va a escribir así, a sentir así, a enamorarse así, a pintar así, a identificarse así
con el gato Menelik, con su hermano persa Roerich, su callejero Güerito, a ro-
dearse de felinos quienes al volverse fieles difuntos pasan a las manos hacendosas
de su ama y señora, quien se dedica a curtir sus pieles y conservarlos con cabeza
y todo para cubrirse con esa cobija bien amada.

Quizá Edward Weston en 1923 sea quien la traspasa, sus fotografías lo di-
cen. Pero a Nahui no le gustan esas fotos, las que le interesan son las de Antonio
Garduño que la hacen parecer una amable e insulsa gordita de Casa de citas.
Edward Weston aceptaba la igualdad de las mujeres y sólo celó a la suya, Tina
Modotti. Reconoció en Carmen Mondragón la chispa sagrada, Diego Rivera la
retrató como poesía erótica, el Dr. Atl la amó y la pintó, Roberto Montenegro tam-
bién, Adriana ahora la rescata. «A mí me admiraba todo lo que la mecenas Anto-
nieta Rivas Mercado había hecho por la cultura: el teatro Ulises, la Orquesta Sin-
fónica Nacional, la campaña vasconcelista. Nahui es la antítesis, la antiheroína.
Ella se expresa a través de su cuerpo, creyó en él hasta el fin, aún mayor se siguió
viendo bella, se compraba tres vestidos iguales de distintas tallas "para cuando
adelgazara", nunca pone límites a su pasión, sus cartas de amor contienen un vo-

cabulario erótico inimaginable para su época. Ni siquiera ahora, nos permitimos vivir la pasión hasta ese grado.»

«El tema es tan apasionante que te atrapa de manera que estás pensando en él todo el tiempo, trabajándolo cada minuto. Después de que se publicó el primer reportaje sobre Nahui en La Jornada seguí clavada en la investigación, feliz.» ¡Y qué investigación! Adriana febril entrevistó a la familia, descubrió fotos (Nahui niña, Nahui tocando al piano, Nahui a la hora del té con su familia, Manuel Rodríguez Lozano radiante a su lado el día de su boda, poesía inédita, cartas amorosas, tarjetas de visita, fotos de pasaporte, diarios íntimos, cintas) y lo más sensacional: seis pinturas de Nahui pertenecientes a don Miguel Ramírez Vázquez, una de ellas encontrada en Acapulco. En Nahui Olin, la mujer del sol, Adriana Malvido aventura la hipótesis de que para Nahui nunca hubo en la vida figura masculina más importante que la del general Manuel Mondragón, su padre. «Nahui tuvo una mamá clasista, durísima, estricta, formalista, conservadora en extremo. Su refugio fue su papá quien la resguardó. Hay hipótesis, como la de Raquel Tibol, que te pueden llevar a pensar que su relación fue más que la de un padre y una hija. Pero para eso, se requiere de una profunda investigación, personalmente me queda la duda.»

Manuel Mondragón, inventor de un fusil extraordinario capaz de matar a veinte de un plomazo, se llevó el secreto a la tumba. La bomba fulminante de cien mil megatones de ojos verdes con una carga letal superior a cualquier arma, palpita, mejor dicho, arde bajo la tierra y aguarda, aguarda, aguarda.

Constante, pertinaz, meticulosa; enamorada de su personaje, Adriana Malvido cava túneles, abre surcos, recoge minerales hasta que da con la veta. Sentada frente a su mesa de trabajo, la ve caminar desnuda en la azotea del convento de La Merced, ciega de geranios. Su pelo trasquilado, los ojos que delatan un asomo de demencia, su boca a gajos de mandarina rajada, explotan, rugen como los volcanes. Nudista desde los siete años como las niñas de Balthus, un suave vello dorado la recubre y convierte su cuerpo en un campo de trigo. Escribe te amo en idiomas diferentes y su francés es el de las «yeguas finas» de San Cosme. «Si tú me *hubieras conocido /con mis calcetas / y mis vestidos cortitos / hubieras visto debajo / y Mamá me habría enviado a buscar unos gruesos pantalones que me lastiman / allá abajo /.» Ni Lolita, la de Nabokov, conoció la insinuación de estas perversiones brahmánicas. Nahui todo lo remite a su cuerpo y a los ardores de ese cuerpo tempranero. Nahui se asume sexualmente en un país de timoratos y de hipocritones. Tras la apariencia seráfica de la señorita Mondragón, acecha una mujer que lleva dentro la descarga de un pelotón de fusileros, la luz de cien faroles en noche de ronda. Mujer magnífica y ansiosa que no busca ser frágil; al contrario, le urgen las llamadas malas intenciones. ¡Qué bien que no sea discreta, qué bien que sus sueños lúbricos atraviesen sus pupilas, qué bien que la desnudez de su cuerpo se ajuste al aire, a la luz!*

Nahui Olin es quizá la primera que se acepta como mujer-cuerpo, mujer-cántaro, mujer-ánfora. Poderosa por libre, se derrama a sí misma sin muros de contención. Abre compuertas y fluye inundando los salones con su agua amniótica que llega hasta el año de hoy, y se estanca frente a la ventana de Adriana, entre los altos árboles de Las Águilas. Adriana Malvido asienta: «Cada entrevista era un nuevo estímulo: Intervengo mucho en la recreación de la época, una de las mejores en la historia cultural de México. Me fascina rescatar voces, pero sé que hay mucho mío en las páginas de Nahui Olin, la mujer del sol.»

———

¿De dónde provienen los ojos de sulfato de cobre de algunas mexicanas que las hacen parecer encandiladas, posesas, veladas por una hoja de árbol, una ola de mar? De que Nahui Olin tenía el mar en los ojos no cabe la menor duda. El agua salada se movía dentro de las dos cuencas y adquiría la placidez del lago o se encrespaba furiosa tormenta verde, ola inmensa, amenazante. Vivir con dos olas de mar dentro de la cabeza no ha de ser fácil. Convivir tampoco. El Dr. Atl la vio en un salón y se abrió ante él un abismo verde: «Yo caí ante este abismo, ins-

tantáneamente, como un hombre que resbala de una roca y se precipita en el océano. Atracción extraña, irresistible.»

La invitó a ver su pintura en la calle de Capuchinas 90.

—Quizá le gustaría a usted ver mis cosas de arte.

Así le dijo la serpiente a Eva y así empezó el paraíso para ambos. ¡Pobre de Nahui! ¡Pobre del Dr. Atl! Vulcanólogo, vulcanizado. Su volcana rugía más que Iztaccíhuatl. Inflamada, no dormía jamás. Se quejaba, pedía más, otra vez, cada día pedía más. Sus escurrimientos no eran lava, eran fuego. Sus fulgores venían de otro mundo. ¡Ay volcana! ¡Pobre del Dr. Atl! Nahui no sólo era un relámpago verde sino una mujer culta que amaba el arte, hablaba de la teoría de la relatividad, habría discutido con Einstein de ser posible, tocaba el piano y componía, sabía juzgar una obra de arte y creía en Dios. «Eres Dios, ámame como a Dios, ámame como a todos los dioses juntos.»

Años después, Adriana Malvido ha sabido amar a Nahui y poner en sus manos ajadas este libro, este solecito redondo, estas hojas de papel volando, estos oritos, la sal del mar, las luces de La Habana, sus palmeras, las de Nueva York que bajan a la proa del trasatlántico y son estrellas en el telón de fondo. Nahui baila en los brazos del capitán Eugenio Agacino. Nahui por fin hace escala. Gracias a Adriana, el mar ha vuelto al mar. Adriana ama a Nahui y es ella quien le ha lanzado el único salvavidas posible, el de este libro pulido, bien bonito, en una época en que mujeres van y mujeres vienen y escriben unas acerca de otras en una celebración jubilosa.

por
Elena Poniatowska

Carmen

Era en los años veinte la mujer más bella de la ciudad de México. Y ahí murió, en la miseria, caminando por San Juan de Letrán y vendiendo las fotografías de sus desnudos de juventud a cualquier precio para comer y alimentar a sus gatos.

Y en la memoria quedó la leyenda. Y quedó grabada su belleza: enormes ojos verdes, cabellos dorados, facciones finas, cuerpo perfecto de la cabeza a los pies, sensualidad extrema, erotismo desbordado. Era Carmen Mondragón hasta que el Dr. Atl la bautizó Nahui Olin para convertirla en un personaje legendario del México de los años veinte, en quien todo calificativo es posible: la genialidad, la locura, la liberación, la desfachatez, la pasión, el escándalo, el misticismo, la violencia, la rebeldía... Una mujer que pintó y escribió poesía, pero cuya obra más relevante fue su actitud sin prejuicios frente a la vida.

Los libros hablan de ella para referirse a otros: «hija del general Mondragón», «esposa de Manuel Rodríguez Lozano», «amante del Dr. Atl», «modelo de Diego Rivera», «Edward Weston la retrató»... Y quizá porque todo lo que hizo rayó siempre en el extremo, la adorada y la repudiada, la asediada y temida Nahui Olin se convirtió en tema tabú durante muchos años. Hoy comienza a conocerse su historia y a releerse con otros ojos, porque como Lupe Marín, Frida Kahlo, Tina Modotti, Antonieta Rivas Mercado y otras mujeres de su época que son revaloradas, Nahui Olin parece emerger del olvido y del polvo moralista que la cubrió para revelarse como personaje autónomo, cuya vida se vio atravesada

*Hace cien años, en el seno de una familia porfiriana,
nace una niña especialmente bella.
Su padre Manuel Mondragón y su madre doña Mercedes Valseca la bautizan «Carmen»
y se retratan con ella y con dos de sus pequeños hijos: Manuel y Lola.*

por la cultura del México posrevolucionario en pleno renacimiento, que aglutinó una fuerte participación femenina tras bambalinas.

Carmen Mondragón nace el 8 de julio de 1893 en la casa de sus padres, en Tacubaya. La primera imagen legendaria es la de una niña de catorce años cuya rebeldía la impulsaba a montar a caballo desnuda en la hacienda de su familia en Temascaltepec.

De su madre se sabe poco. Se llamaba Mercedes Valseca. Su padre, Manuel Mondragón (1859-1922), fue egresado del Colegio Militar. Experto en diseño de artillería, inventó un cañón, una carabina y un fusil automáticos. Combatió desde el frente maderista en 1910; fungió como asesor de Francisco I, Madero y, en febrero de 1913, inició el cuartelazo de la Ciudadela que produjo la caída y el asesinato de éste, para después convertirse en secretario de Guerra y Marina bajo el gobierno de Victoriano Huerta.

La niña Carmen, la quinta de ocho hijos, se manifiesta precoz y extremadamente sensible. Si bien su madre, de amplia educación, les da a ella y sus hermanos una formación muy rigurosa, propia de «las buenas cunas» del porfirismo, los introduce también en la música y la pintura.

En esa época (1897 a 1905), Carmen se educa en Francia debido a una misión que Porfirio Díaz le encomienda al general Mondragón, quien es ya conocido en París gracias a sus inventos de artillería (Francia quiso comprarle una patente, pero él prefirió otorgarla a México).

La inteligencia de Carmen brilla desde su infancia. Cuenta el Dr. Atl en su novela autobiográfica *Gentes profanas en el convento*, que aún viven juntos él y Nahui cuando una monja llega a su casa, en el ex convento de La Merced, y se presenta: «Yo soy Marie Louise, maestra en el Colegio Francés y tuve a mi cargo las primeras enseñanzas de la que es ahora amiga de usted y le traigo a usted un regalo que le sorprenderá, seguramente.» El paquete encierra lo que Carmen había escrito en una serie de pequeños cuadernos cuando tenía diez años. Atl los hojea sorprendido mientras la monja le dice: «Esta niña era extraordinaria. Todo lo comprendía, todo lo adivinaba. Su intuición era pasmosa.

Manuel Mondragón
es un destacado general
y experto en diseño de artillería.

A los diez años hablaba el francés como yo, que soy francesa, y escribía las cosas más extrañas del mundo, algunas completamente fuera de nuestra disciplina religiosa.»

Soy un ser incomprendido que se ahoga por el volcán de pasiones, de ideas, de sensaciones, de pensamientos, de creaciones que no pueden contenerse en mi seno, y por eso estoy destinada a morir de amor... No soy feliz porque la vida no ha sido hecha para mí, porque soy una llama devorada por sí misma y que no se puede apagar;

El general Manuel Mondragón y un grupo de personas,
en una demostración de uno de sus cañones
en la época de la Revolución Mexicana.

porque no he vencido con libertad la vida teniendo el derecho de gus-
tar de los placeres, estando destinada a ser vendida como antigua-
mente los esclavos, a un marido. Protesto a pesar de mi edad por es-
tar bajo la tutela de mis padres.

La monja agrega ante el Dr. Atl: «Había en esta niña un sentimiento extraño de desesperación por haber venido a este mundo, un deseo de morir en-
gendrado por la opresión de las cosas terrenales, incapaces de contener, de
comprender la grande inteligencia de que ella había sido dotada.»

Doña Mercedes introduce a sus hijos
en la música y la pintura.

Desde pequeña, Carmen se manifiesta precoz y sensible:
«Yo no sé rezar, mamacita. Reza tú por mí y déjame ver las flores que me hablan de amor.»

El Dr. Atl lee un texto escrito por la niña después de un castigo de su madre para corregir su espíritu caprichoso. Dice en uno de sus párrafos:

... Ahora que siento que sufro y soy sensible a todo, tengo sed de todo lo que es bello, grande y cautivador. Con un ardor extremado, una ilusión loca de juventud y de vida; quiero hacer vibrar mi cuerpo, mi espíritu hasta sus últimos sonidos.

Publicados en 1924 con el título *A dix ans sur mon pupitre (A diez años sobre mi pupitre)*, estos textos escritos por la pequeña Carmen revelan a su autora:

Desgraciada de mí, no tengo más que un destino: morir porque siento mi espíritu demasiado amplio y grande para ser comprendido y el mundo, el hombre y el universo son demasiado pequeños para llenarlos [...]

En otro relato, en el que Nahui reproduce para el Dr. Atl un diálogo con su madre, se percibe también la personalidad de esta mujer desde joven y su actitud frente a la religión:

–Ven, hijita, vamos a ver las flores, pero antes déjame peinarte –estás muy bonita– tanto como cuando eras pequeñita y yo te llevaba de la mano a la escuela.
Me peinó muy suavemente y me dio una muñeca.
–Ésta –me dijo– es para la niña de tu hermano que Dios se llevó al cielo, no es como tú que llora y dice cosas feas.
En el jardín, mi madre me dijo:
–Mira qué flores tan preciosas; córtalas para que las lleves a la tumba de papá y de tu hermano –son las últimas flores de la vida– de la vida mía y de la vida tuya –se secarán sobre sus tumbas, pero

sus perfumes llegarán hasta el cielo donde viven junto a Dios nuestro Señor.

—¿Quién es Dios nuestro Señor?, le pregunté a mi mamacita.

—Es el que nos ha hecho, hija, al que todo le debemos.

—Yo nací contra mi voluntad y nada le debo a ese señor.

—¿Pero tú no rezas?

—Yo no sé rezar mamacita. Reza tú por mí y déjame ver las flores que me hablan de amor.

———

La casa donde nace Nahui Olin, la misma donde elige morir, aún está en pie en la calle del General Cano, en Tacubaya. Al cruzar la puerta de entrada se viaja a la época del porfiriato. Y aunque requiere de restauración, todavía conserva las huellas de lo que fue. La casa es de una planta. Una fuente de cantera está en medio del patio central, rodeado por muros donde apenas se aprecian las pinturas al fresco que los decoraban. El mosaico del piso, en buen estado, fue traído de París, como la mayoría de los demás elementos decorativos de la que fuera mansión. El comedor está cubierto con un gran tragaluz.

Hace poco más de un siglo llegaron ahí el general Manuel Mondragón y su esposa Mercedes con una niña recién nacida, Dolores, y el hijo mayor, Manuel. Después nacerían en esta casa Guillermo, Alfonso, Carmen y Samuel. Los más pequeños, María Luisa y Napoleón, nacen en Francia.

En un lado del patio, independiente del resto de la casa, está la habitación de Carmen. Ahí vive parte de su infancia, antes de viajar a París, y después su adolescencia. Ahí aprende a tocar el piano a cuatro manos con su hermana Lola. Ahí escribe sobre su pupitre. Ahí comienza a pintar. Y ahí, antes de cumplir los diecinueve años, le dice a su padre que le gusta un cadete.

En agosto de 1913,
Carmen se casa con Manuel Rodríguez Lozano.

Los años con Rodríguez Lozano

Seis de agosto de 1913: Manuel Rodríguez Lozano y Carmen Mondragón se casan. La pareja más hermosa de esos tiempos, se dice. Él es inteligente, culto y, además, muy guapo. Ella, bellísima, apasionada y creativa.

La boda tiene lugar en plena revolución. Medio año antes sucede la Decena Trágica. Se da la revuelta encabezada por Félix Díaz y Bernardo Reyes. El general Mondragón dispara su cañón directamente desde la Ciudadela contra la puerta principal del Palacio Nacional. Victoriano Huerta traiciona a Madero, quien es aprehendido junto con Pino Suárez, y queda como presidente provisional. Venustiano Carranza, apoyado por los generales Plutarco Elías Calles y Álvaro Obregón, desconoce el régimen de Huerta y establece el Gobierno constitucionalista en Sonora.

En el terreno artístico, Alfredo Ramos Martínez, director de la Escuela Nacional de Bellas Artes, funda la primera Escuela de Pintura al Aire Libre. Triunfa la lucha contra la educación académica y en favor de una pintura más arraigada a temas mexicanos.

El maestro Nefero, discípulo e íntimo amigo de Rodríguez Lozano, y heredero de su archivo, el mismo del que un día salieron las cartas de amor, que Antonieta Rivas Mercado escribió al pintor, para ser publicadas, extrae de entre cientos de documentos la fotografía de la boda y recuerda:

«Todo lo que sé sobre Nahui Olin es por Rodríguez Lozano. Él era estudiante en el Colegio Militar, pero la carrera no le gustaba. Tenía un tío en Relaciones Exteriores que lo llevó a trabajar con él como diplomático a pesar de su juventud. Me contaba Manuel que él era tercero o cuarto secretario de Relaciones, y para uno de los bailes de la Secretaría le encomendaron atender a la hija del general Mondragón, es decir, a Carmen, quien era una belleza. Ella se entusiasma mucho con él, le asegura que serían la pareja ideal y le dice a su padre que encontró a su príncipe azul. Manuel no pensaba casarse, no estaba enamorado, pero ella insiste.» Entonces, según el mismo relato, el general habló con Rodríguez Lozano:

—Mi hija está entusiasmada con usted, quiere casarse.

—Pero mi puesto es bajo y no tengo recursos para una boda de la categoría de ustedes.

«Ante la insistencia, lo convencen y la boda se realiza. Ella era muy bonita, y su padre muy influyente. En realidad, a él le convenía. Después de la boda le dan un puesto más alto por orden del general y lo hacen su ayudante. Él me contó que llegó a ver al secretario de Relaciones Exteriores, quien le dijo sorprendido: "Oiga, pero usted es muy joven para el puesto." "Sí –contestó–, pero el general dice que lo tome. Me voy a casar con su hija."»

Sin embargo, algo sucede. Testimonios recogidos por la familia Mondragón aseguran que tres días antes de la boda, con invitaciones repartidas, con todo listo para la ceremonia, Carmen le comunica a su madre que ya no quiere casarse.

—O te casas o te mando a un convento –le dice doña Mercedes.

———

Cuando triunfa el constitucionalismo, Manuel Mondragón funge como secretario de Guerra y Marina en el gabinete de Victoriano Huerta. Su participación en la Decena Trágica y el asesinato de Madero, en febrero de 1913, lo conducen al destierro en Europa a finales de ese año. Se lleva a toda su familia, excepto a los recién casados, que se embarcan rumbo a París un año después. Y así empieza la travesía de la pareja.

¿Qué pasa en Europa entre 1913 y 1921? Es la gran laguna en la historia de Carmen y Manuel. Se sabe que en París conocen a Picasso, a Braque y a Matisse, a los escritores André Salmon y Jean Cassou, y se presume que es allá donde Carmen trata a Diego Rivera y al *Chango* García Cabral, quienes habrían de retratarla después en México.

Por aquellos días, el *Chango* le hace una caricatura al padre de Carmen. El militar aparece al lado de su invento, y se lee: «Dile al alemán cañón si la pieza de Mondragón, fabricada en San Chamond, dispara y derrama flores.»

El contacto con las corrientes artísticas europeas de esa época es intenso, y aunque existe la creencia de que Carmen comienza a pintar cuando vive con el Dr. Atl, hay evidencias en cuadros y testimonios orales de que ya lo hace desde Europa.

Cuando estalla la Primera Guerra Mundial, la familia se encuentra de vacaciones en La Baule. Como el general pertenece a la Legión de Honor, no requiere pasaporte, así que decide trasladarse de inmediato con toda su familia –siete matrimonios y sus hijos– a España. Algunos viajan en coche, pero la mayoría, incluidos Manuel y Carmen, lo hacen por tren. Se instalan en San Sebastián y ocurre un capítulo definitivo en la historia de la pareja. Principia el calvario.

Una de las sobrinas directas de Nahui Olin recuerda este episodio, que vivió siendo muy pequeña. Todos los Mondragón, relata, viven en la misma casa en San Sebastián hasta 1921, cuando comienza el regreso a México. Durante esos años, Carmen y Manuel comparten techo con otras seis parejas, además del general y doña Mercedes.

Manuel, el hermano mayor de Carmen, establece el estudio de fotografía Fotito Mondragón. Y en aquellos dos apartamentos compartidos, las parejas buscan la manera de comunicarse. Lola y su esposo, Benjamín Pesado, estable-

De 1913 a 1921
toda la familia Mondragón vive en Europa el destierro del general.

En España, Manuel, el hijo mayor, monta su estudio fotográfico
donde se registra esta imagen familiar.
Sentados de derecha a izquierda: Dolores Mondragón, «Lola», Trinidad Pesado Rubín
(consuegra de doña Mercedes), Guadalupe Rubín (esposa de Guillermo Mondragón),
Mercedes Valseca de Mondragón y una amiga de la familia.
En la segunda fila de izquierda a derecha: Carmen Mondragón,
Napoleón (su hermano menor), una amiga de la familia, un amigo del general,
Manuel Mondragón (su padre), M.ª Luisa (hermana de Carmen),
Catalina Rubín (esposa de Alfonso Mondragón) y Guillermo Mondragón.
En la fila superior de derecha a izquierda: Alfonso Mondragón,
Benjamín Pesado (esposo de Dolores), Manuel Mondragón y su esposa Teresa,
el siguiente podría ser Manuel Rodríguez Lozano, Antonio Rubín
y un subalterno del general.

cen la costumbre de escribirse. Tienen un cuaderno a través del cual se enojan y se reconcilian, y donde expresan lo que quizá es imposible ventilar en voz alta. A Lola le gusta leer a Kant y a Schiller, aunque anota en su cuaderno: «él [Benjamín] dice que debería leer a San Francisco». También escribe su diario, que años después regala a sus hijos.

Guadalupe Rubín, esposa de Guillermo, el médico, escribe obras de teatro. De familia aristocrática, tuvo acceso a una formación cultural. Y una de sus piezas, *Te esperaré siempre*, se monta en México años después.

Manuel y Carmen se dedican a pintar. Dice la sobrina de Nahui que ella quería mucho a Rodríguez Lozano. Recuerda que él salía con su mujer a pintar al campo todas las tardes y que convivían allá con muchos otros pintores. Además, asegura, «fue Carmen la que enseñó a pintar a Manuel».

Pero Carmen y Manuel no se llevan bien. Cuando pelean, no se escriben como Lola y Benjamín. Se encierran en su cuarto con lápiz y papel para pasarse horas dibujando en silencio.

Tal vez piensan en su hijo.

Las versiones sobre este tema son encontradas. Hasta hoy, el silencio de la familia Mondragón había dejado correr una sola versión, la del pintor: Carmen queda embarazada en San Sebastián y, al poco tiempo de nacido, el niño muere. Sobre la forma en que muere no existe ninguna certeza.

Todos los que escucharon a Manuel Rodríguez Lozano, y que fueron entrevistados, coinciden en que, según él les aseguró, Carmen asfixió al niño poco después de nacer, él la repudió por eso y ya no pudo soportarla. El temperamento explosivo de ella, dicen, la llevó a cometer ese acto. También *dicen* que ella lo perseguía para satisfacer sus necesidades sexuales, pero que él no le correspondía. *Dicen* que a ella no le gustaba el grupo de bohemios que frecuentaba Rodríguez Lozano y que asfixió al niño cuando se dio cuenta de que su marido era homosexual. *Dicen* que él estaba dispuesto a «rectificar» su vida cuando naciera su hijo y que sus ilusiones desaparecieron cuando el niño murió. *Dicen* que la muerte del niño provocó «la locura paulatina» de Carmen Mondragón.

En la Academia Nacional de Bellas Artes,
grupo de pintores y escultores entre los que destacan:
Germán Gedovios, Gerardo Murillo (Dr. Atl), Diego Rivera, Alfredo Ramos Martínez,
Gonzalo Arguello, Joaquín Clausell, Fermín Revueltas, Ignacio Asúnsulo, y otros más.

Otros *dicen* que la muerte del niño pudo deberse a un accidente y que Rodríguez Lozano inventó el argumento para justificar sus relaciones homosexuales. Otros *dicen* que no era homosexual.

Nefero, quizá la persona más cercana a Rodríguez Lozano en sus últimos años, cuenta la versión del pintor:

«Cuando sucedió lo del niño, Manuel se lo comunicó inmediatamente a su suegro. "Estamos exiliados –respondió el general Mondragón–, puede ser un escándalo. Usted cállese y yo arreglo esto. Ahora no podemos hacer nada. Ya veremos en México."» Según Nefero, Rodríguez Lozano sufrió mucho y ya detectaba rasgos de locura, probablemente congénita, en Carmen.

Pero el silencio se rompe. La familia de Carmen da cuenta de «lo que realmente sucedió». Cuando el general Mondragón se va a Francia, Manuel y

Carmen se quedan en México un año más. En ese lapso, Carmen se queda embarazada y tiene un hijo sano que poco después muere. Nadie sabe con exactitud la causa. Se presume que, al dormir una noche entre sus padres, en la misma cama, el bebé amanece sin vida, tal vez asfixiado. Y el tema no vuelve a tocarse nunca entre los Mondragón. Lo que es un hecho, afirman, «es que ella no lo mató» ni supo nunca en vida que Rodríguez Lozano sostenía esa versión. No lo hubiera permitido. Además argumentan: ¿cómo iban a convivir cerca de diez años en Europa después de una cosa así?

Al llegar a México, en 1921, se separan. Carmen quiere divorciarse. Sus padres no se lo permiten.

Nefero asegura que nunca se concretó el divorcio:

Hay que ubicarse en la época. El divorcio era condenado por una sociedad tan cerrada como la de entonces. Recuerde cómo María Asúnsolo, Dolores del Río y Antonieta Rivas Mercado tuvieron tantas dificultades para divorciarse y sufrieron las consecuencias. Además, estaba la religión y las apariencias. Manuel tuvo mucha influencia de su madre, que era muy religiosa. A él le llamaba *El Rey*, y pienso que, más que a la religión, él obedecía a su madre.

Rodríguez Lozano queda marcado con ese matrimonio. Nunca más cree en el amor. Nos decía: «Si quieres ser artista, no te cases. O eres padre de familia o eres artista», porque siempre tuvo en mente la libertad. Sí, tenía relaciones amorosas, pero cuando una mujer insinuaba matrimonio, él huía.

En esa época empieza a surgir en México un grupo importante de homosexuales, y Rodríguez Lozano usó ese membrete para defenderse de los compromisos. En realidad, era heterosexual. Su relación con Los Contemporáneos se da a través de Antonieta Rivas Mercado, al fundar el teatro Ulises.

Sin embargo, un año después de su regreso de Europa, Manuel Rodríguez Lozano descubre a un joven talento. «Por enero o febrero de 1922, Abraham Ángel nos asombra a sus amigos sin haberlo hecho antes, con el retrato de Manuel Rodríguez Lozano –escribe él mismo, en su libro *Pensamiento y pintura*–, obra admirable bajo todos los conceptos por su justeza, resolución en las formas, finísimo colorido y, sobre todo, por su emoción [...] Revelación genial fue la de Abraham Ángel.»

El joven, de apenas diecisiete años, se enamora de su maestro, y según una de las cartas de amor de Antonieta Rivas Mercado a Rodríguez Lozano, el sentimiento es mutuo. La carta está fechada el 15 de diciembre de 1928 y dice: «[...] La simiente generosa no cayó sólo en Abraham, en julio [Castellanos]; reclamo ser también tierra fecundada que germina el grano [...]»

La interpretación de Nefero va por otro camino: «Al perder a su hijo, el pintor asume su paternidad frustrada con sus alumnos, casi todos jóvenes; el último fui yo. Y a todos, como escultor, busca moldear sacando a flote sus talentos. Él es muy espiritual y quiere modelar algo hasta la perfección. Todo este tema de la sexualidad y la sensualidad siempre ha sido tapado en la literatura de nuestra historia. Por otro lado, dicen que Abraham Ángel murió por una sobredosis de heroína, que se drogaba. Falso, murió del corazón.»

La otra versión, conocida muchos años después, fue la que registraron Olivier Debroise en el libro *Figuras en el trópico, plástica mexicana 1920-1940*, y Elena Poniatowska en una entrevista con el doctor Raoul Fournier. Es la siguiente:

Abraham Ángel, el talentoso pintor que vive con Rodríguez Lozano, se niega a despertar una mañana de 1924. Preocupado éste, llama al doctor Raoul Fournier para que examine a Abraham, quien no reacciona. El médico, aún muy joven, firma el certificado de defunción donde constata que Ángel acaba de morir del corazón. Sin embargo, el doctor Rojo de la Vega, encargado de la autopsia, va más allá y descubre un gramo de cocaína inyectada en la parte superior del muslo. Asegura que «bien pudo haber sido un suicidio».

La historia oral *dice* que Abraham Ángel se suicida por despecho. Nefero lo niega. Defiende a su maestro:

Eso de que se drogaban es falso. Abraham era muy joven para andar en eso. Y Rodríguez Lozano nunca en esa época tocó la droga, eran cuentos de él, cuentos como los que contaban todos los pintores... Diego decía que comía alacranes. Era cosa de la época y un poco remedo de la moda francesa de entonces, que consistía en asombrar a la clase burguesa. Sí, por eso se inventaba tanto.

A mí también me han atribuido relaciones con Rodríguez Lozano. Lo sé. Me decían *El Lozanito.* Yo tuve en él a un padre, lo acompañé a diario en la penitenciaría cuando lo encarcelaron, ahí le ayudé a pintar *La Piedad*, y sólo me aboco a la gratitud, a la lealtad, a no ocultar que lo adoré como a un padre que nunca tuve, porque cuando le dije a mi familia que quería ser pintor, me tacharon de loco. Manuel me dijo: «Tú puedes.» Al fin y al cabo, ¿a quién le importa si era o no homosexual? Lo importante es su obra.

Al final íbamos a sitios donde Carmen se paseaba con él (al centro, a Lady Baltimore...), y me decía: «Ahí está ella, ni voltees. Si me quiere hablar, no te separes de mí.» Ella lo buscó, mientras que él nunca quiso volver a tratarla.

Pero así es la vida. Tantos hombres y mujeres enamorados de Rodríguez Lozano, que lo adoraban, ¿en dónde estarían a la hora de su muerte? El único que lo enterré fui yo, el único que le cuida la tumba soy yo. Ésa es la condición humana.

Carmen, por su parte, borra este capítulo de su vida.

«Porque sé que mi belleza es superior a todas las bellezas que tú pudieras encontrar.»

El bautizo de Nahui Olin

En 1921, la ciudad de México está en plena celebración del Centenario de la consumación de la Independencia. Regresan de Europa Diego Rivera, procedente de París, y David Alfaro Siqueiros, de España. De Francia llegan Jean Charlot y también Roberto Montenegro, quien vuelve pasados catorce años para encabezar un movimiento cultural nacionalista en la Escuela Nacional de Bellas Artes. Manuel Rodríguez Lozano y Carmen Mondragón regresan y, según registra Tomás Zurián, participan en una exposición colectiva que se lleva a cabo en la Escuela Nacional de Bellas Artes de la universidad. Ahí, Rodríguez Lozano exhibe *Retrato de mi esposa*, el único cuadro de Carmen que se le conoce.

En México inicia una etapa de rica efervescencia cultural. José Vasconcelos, como rector de la universidad y luego como secretario de Educación, plantea los fundamentos del nacionalismo mexicano, con el fin de lograr una integración nacional. Y encuentra en la pintura mural el medio artístico idóneo para difundir la ideología revolucionaria.

En su *Autobiografía* José Clemente Orozco describe el momento:

La pintura mural se inició bajo muy buenos auspicios [...] Rompió la rutina en que había caído la pintura. Acabó con muchos prejuicios y sirvió para ver los problemas sociales desde nuevos puntos de vista. Liquidó toda una época de bohemia embrutecedora, de mixtificadores que vivían una vida de zánganos en su «torre de marfil», infecto tugurio, alcoholizados, con una guitarra en los brazos y fingiendo un idealismo absurdo, mendigos de una sociedad ya muy podrida y próxima a desaparecer.

Los pintores y los escultores de ahora serían los hombres de acción, fuertes, sanos e instruidos; dispuestos a trabajar como un buen obrero ocho o diez horas diarias. Se fueron a meter a los talleres, a las universidades, a los cuarteles, a las escuelas, ávidos de saberlo y entenderlo todo y de ocupar cuanto antes su puesto en la creación de un mundo nuevo. Vistieron overol y treparon a sus andamios.

Muchos de ellos habían participado directamente en la guerra civil, pero ninguno, dice el escritor y periodista José Emilio Pacheco tuvo una participación revolucionaria semejante a la del Dr. Atl:

Con un folleto publicado en París y vendido a las puertas de la Bolsa, arruinó las pretensiones de Huerta para obtener un préstamo que le permitiera conservarse en el poder. Como director carrancista de la Academia de Bellas Artes, Atl quiso transformar San Carlos en taller de Artes Populares. Luego contribuyó a organizar los batallones rojos de obreros que pelearon contra Villa y Zapata. Cuando los constitucionalistas perdieron la capital él se llevó a un grupo de jóvenes pintores, entre quienes figuraban Orozco y Siqueiros...

Orozco asienta en su *Autobiografía*:

El Dr. Atl estaba entonces en plena actividad revolucionaria dentro de la esfera de influencia del general Obregón. Debiendo

38

abandonar la ciudad de México en pocos días, hacía preparativos para la retirada hacia el Estado de Veracruz. Los obreros de la Casa del Obrero Mundial estaban indecisos y divididos con respecto al bando al cual se afiliarían, si al villista o al carrancista. Para decidirlo se habían reunido y después de una larga y tormentosa discusión se presentó el Dr. Atl y su elocuente discurso llevó a los obreros definitivamente del lado carrancista... Al llegar a Orizaba lo primero que se hizo fue asaltar y saquear los templos de la población [...]

Mientras se armaban las prensas para *La Vanguardia,* Atl predicaba desde el púlpito los ideales de la revolución constitucionalista y los mil y un proyectos que tenía él mismo para evolucionarlo todo: arte, ciencia, periodismo, literatura [...] Todos trabajábamos con entusiasmo [...] El Dr. Atl, armado de fusil y cananas, yendo a entrevistar a Obregón a los campos de batalla o a Veracruz a conseguir el dinero para todo el tinglado; sosteniendo un enconado duelo político con el ingeniero Félix Palavicini y resolviendo mil problemas y aún teniendo tiempo sobrante para escribir editoriales, libros y hasta poemas, sin descuidar el enriquecimiento de una magnífica colección de mariposas de que era poseedor [...]

El Dr. Atl, el mismo que como líder de la Academia de San Carlos monta en 1910 una exposición de pintores mexicanos en protesta a la organizada por el Gobierno para festejar, con pintura española contemporánea, el Centenario de la Independencia; el que habla a sus alumnos de una pintura nueva, con rostro propio, frente a la academia; el primer pintor que pide muros; el socialista y vulcanólogo; el que ha sido prisionero de las fuerzas de Obregón y llevado a la cárcel; el mismo Dr. Atl se encuentra totalmente concentrado en sus labores artísticas cuando llega 1921.

*El Dr. Atl: revolucionario, pintor, escritor, vulcanólogo
y compañero amoroso de Nahui Olin.*

Después del asesinato de Venustiano Carranza en Tlaxcalantongo, el Dr. Atl hace del claustro de La Merced su casa. Está formando el Comité Nacional de Artes Populares y se suma al proyecto cultural de la SEP, al participar en la publicación de la monografía *Las artes populares en México*. Al tiempo que escribe para la revista *México Moderno*, es comisionado para pintar las paredes de los patios de la antigua iglesia de San Pedro y San Pablo, y acaba de publicar *Las sinfonías del Popocatépetl*. La tarde del 22 de julio de 1921 regresa a su casa para escribir en su diario, señalando la fecha con mayúscula y tinta roja:

> *Vuelvo a casa de la fiesta que la señora de Almonte dio en su residencia de San Ángel, con la cabeza ardiendo y el alma trepidante. Entre el vaivén de la multitud que llenaba los salones se abrió ante mí un abismo verde como el mar, profundo como el mar: los ojos de una mujer. Yo caí en ese abismo, instantáneamente, como el hombre que resbala de una alta roca y se precipita en el océano. Atracción extraña, irresistible [...] ¡Adiós, quietud de mi vieja morada, voluntad de trabajar, serenidad de espíritu, ambiciones de gloria! Se cierne sobre mí una catástrofe [...] ¿Cómo es posible que en un hombre como yo pueda encenderse una pasión con tal violencia?*

Desbordado, relata el encuentro:

> *[...] Rubia, con una cabellera rubia y sedosa atada sobre su faz asimétrica, esbelta y ondulante, con la estatura arbitraria pero armoniosa de la venus naciente de Botticelli. Sus senos erectos bajo la blusa y los hombros ebúrneos, me cegó en cuanto la vi. Pero sus ojos verdes me inflamaron y no pude quitar los míos de su figura en toda la noche. ¡Esos ojos verdes! A veces me parecían tan grandes que borraban toda su faz. Radiaciones de inteligencia, fulgores de otros mundos. ¡Pobre de mí!*

Antonio Luna Arroyo, amigo cercano y biógrafo del pintor (*El Dr. Atl. Sinopsis de su vida y su pintura*), recuerda en una entrevista: «En aquella fiesta tanto Atl como Rivera se enamoraron perdidamente de Carmen cuando la vieron y ella se acercó a platicarles.»

Seis días después, Atl anota en su diario:

Han pasado varios días en medio de un gran desasosiego, pero hoy he vuelto a verla en el Paseo de la Alameda. Iba con su marido, un pobre señor. Ella me sonrió y yo me acerqué a saludarla. Conversación insulsa, pero yo me sentía trastornado, inquieto. No supe encontrar otra cosa mejor que decirles: los invito a mi casa que es una vieja mansión en la Calle de las Capuchinas número 90 y quizá les gustaría ver mis cosas de arte...

La pareja vive en la calle de Nuevo México, a unas manzanas del Zócalo. A los dos días, Carmen asiste sola a casa de Atl para ver sus pinturas. Ella en sus veinte, él en sus cuarenta, pronto iniciarán una intensa relación amorosa en el ex convento barroco.

Transcurren sólo dos días cuando Atl recibe una carta de Carmen:

Para mí –para ti– ya no habrá ayer ni mañana –para nosotros dos sólo hay un solo día la eternidad del amor y un solo cambio: más amor– amor que se transforma en más amor donde no hay ayer ni mañana sólo un espacio infinito– un día donde la noche no existirá sino para amarnos –una noche que será más luminosa que el día mismo cuando nuestras carnes se junten– es nuestro destino.

A partir de las más de doscientas cartas que Carmen escribe a Atl –y de las cuales él hace una selección para publicarlas en su autobiografía novelada– es posible imaginar la pasión que rodea a esta pareja durante varios años. Pero también es posible vislumbrar a una mujer que en la veintena desafía todas las reglas de «la moral» establecida y las «buenas costumbres» que disfrazan la represión sexual. Con ella nace también una manera moderna de ser mujer, una mujer en la libertad, con todo lo que ello supone: escándalo, controversia y rechazo de la familia y la sociedad.

Los amantes se escriben uno al otro. Él:

Noche fugaz y eterna en que todo mi ser se apretó contra su ser, en que todo su ser se abrió ante mi furia y se volcó sobre mí y me envolvió de lujurias [...] ¡Cuántas noches así se han seguido, llenas de sollozos y de aullidos, de caricias y de lágrimas de placer; noches sin fin y sin principio en que la virgen furiosa que había soñado en el amor, le derramó sobre mí con voluptuosidades perversas. Ahora nos pertenecemos y nada existe fuera de nosotros.

Mi vieja morada ensombrecida por las virtudes de mis antepasados se ha iluminado con los fulgores de la pasión. Nada nos estorba, ni los amigos ni los prejuicios. Ella ha venido a vivir a mi propia casa y se ha reído del mundo, y de su marido. Su belleza se ha vuelto más luminosa, como la de un sol cuyos fulgores se acrecientan con el choque contra otro astro.

Y ella, que halla en la escritura un modo de expresarse sin obstáculos:

[...] Perfora con tu falo mi carne –perfora mis entrañas– desbarata todo mi ser –bebe toda mi sangre– y con la última gota que me quede escribiré esta palabra: te amo [...] Tengo miedo de mi propio amor porque todo lo grande da pavor pero tú tienes valor ante mi amor –no veo nada– soy un muerto de quien nadie se ocupa, al que nada le importa todo lo que existe, sólo tú –todo el Universo se ha reconcentrado en tu sexo [...] Bésame siempre desde la cabeza hasta los

pies quiero el jugo de tu vida –ese jugo inagotable hirviente siempre
en la caldera de mi amor–, yo te ofrezco mis ojos –báñate en el ver-
de prodigioso de mis ojos– nada en las profundidades de sus abis-
mos y me amarás más.

Carmen se sabe bella y lo asume como parte esencial de sí misma:

[...] porque sé que mi belleza es superior a todas las bellezas que
tú pudieras encontrar. Tus sentimientos de esteta los arrastró la be-

lleza de mi cuerpo –el esplendor de mis ojos– la cadencia de mi rit-
mo al andar –el oro de mi cabellera, la furia de mi sexo– y ninguna
otra belleza podría alejarte de mí.

En una de las ausencias de Atl, le escribe:

[...] a mí nada me distrae, estoy reconcentrada en mí misma, en la
casa lo único que se me ocurre hacer es desnudarme delante de un
espejo y admirar mi belleza, que es tuya [...] El amor de la carne no
me basta, ni el amor del espíritu, quiero los dos y para gozarlos es
necesario que vuelvas.

Y concentra los cinco sentidos en su amante. Lo ve, lo huele, lo oye, lo sa-
borea y lo toca en cada rincón del claustro:

Volvía a casa y encontré las últimas flores que me trajiste –símbo-
lo aromático de los últimos instantes en que estuvimos juntos– ins-
tantes donde se generó un calor que siempre nos envolverá. Los
muebles –las telas– los cuadros, los libros en los estantes reflejaban
tu imagen y en el ambiente había ese olor a tabaco inglés que tanto
me gusta aspirar y que es más agradable que el incienso de los tem-
plos y el perfume de los salones.

Gerardo Murillo se había cambiado de nombre hacía años. Viajaba en
barco de Nueva York a París cuando se presentó una terrible tempestad. El pintor pensó en cambiarse el nombre por el de *atl*, agua en náhuatl. Al llegar a
París, firmó así. Luego viajó a Roma, donde obtuvo el doctorado en filosofía.
De regreso en París, el poeta argentino Leopoldo Lugones le agregó lo de «doctor» y, junto con todos sus amigos, lo bautizaron en una tina de champán como
Dr. Atl.

La habitación del Dr. Atl en el ex convento de La Merced.
El pintor lee sobre su cama de madera donde la huella imborrable de Nahui Olin
se percibe en un rebozo.

Siguiendo esa costumbre, el Dr. Atl bautiza a Carmen Mondragón: Nahui Olin, fecha del calendario azteca que significa el movimiento renovador de los ciclos del cosmos.

Ella lo rememora en 1927:

Mi nombre es como el de todas las cosas, sin principio ni fin y sin embargo, sin aislarme de la totalidad por mi evolución distinta en ese conjunto infinito, las palabras más cercanas a nombrarme son Nahui Olin. Nombre cosmogónico, la fuerza, el poder de movimientos que irradian luz, vida y fuerza. En azteca, el poder que tiene el sol de mover el conjunto que abarca su sistema.

Para ellos, pintar, escribir y hacer el amor son facetas de una sola pasión, que imprimen en las telas, en los muros, en los tablones de madera que conforman su cama, que ventilan en la azotea y trasladan al papel en sus cartas. En una de ellas, Nahui se abre:

Eres inmortal como el universo–...
eres intangible pero sólo en mi pensamiento
pero eres tangible en mis brazos, a mis ojos a mis caricias–
a los poros de todo mi cuerpo–
que se abren al calor de tu mirada
que se abren al calor intenso del amor
el camino de tu vida está tapizado de flores
el camino de tu vida está tapizado de las maravillas que ha creado
el esplendor de mis ojos –y sobre esas maravillas caminas tú
como un Dios cubierto con la túnica de mi deseo
Ven
Ven...

En el dorso de la misma carta, el Dr. Atl comenta:

¡Carta desorbitada! Pasión que no se conforma con los paroxismos de la carne, con la lujuria que se revuelca en el lecho: necesita más desahogo, gritar, escribir, escribir fuera de la vida después de haberse saciado de todo lo que la carne puede dar, escribir desorbitadamente como si viviera en otros mundos. Fuera del amor, ella está sumergida en los misterios del cosmos y a ellos me arrastra. ¿Cuántos días, cuántos meses, cuánto tiempo dura ya esta inextinguible pasión? ¿Quién podría contar el tiempo viviendo cada instante en la plenitud de la satisfacción? Muchas veces después de una noche de amor, bajo la luz del sol, cubierta con una bata y con la

Nahui Olin leyendo en la azotea,
como la vio tantas tardes
y la retrató, a lápiz y carbón sobre papel, el Dr. Atl.

prodigiosa cabellera de oro enredada sobre su preciosa cabeza, se sienta sobre una barda de la azotea y me escribe y ella misma me entrega la carta.

En ese contexto amoroso hasta la violencia, Nahui Olin y el Dr. Atl viven intensos años de trabajo creativo. Los dos pintan, los dos escriben. Sumergidos en el centro de la ciudad de México de los años veinte, forman parte y actúan dentro del rico ambiente cultural de la época.

Girasoles *(1915)*
inicia la cronología de obras que, hasta ahora,
se han localizado de Nahui Olin.

Después vendrán sus autorretratos, su historia de vida en óleo.
Aquí se pinta en los jardines de Versalles en París, donde vivió parte
de una infancia que nunca dejó.

Además de pintora, Nahui es modelo de los artistas de su época.
Ningún pintor como el Dr. Atl captó la intensidad de esta mujer:
«He cortado mis cabellos / para amar.»

«Cuando poso / siempre soy otra... /
Mi espíritu / derramado / en mi cuerpo / se escapa / por mis ojos.»
Nahui Olin.

*La relación amorosa entre Nahui y el Dr. Atl
enriquece el arte mexicano
con múltiples retratos.*

Diego Rivera pinta a Nahui en su fresco de la SEP
Día de Muertos, *donde aparece uno de sus enormes ojos*
debajo de Diego.

Diego Rivera encuentra en Nahui a la «poesía erótica»
para su primer mural
La creación *en San Ildefonso.*

*Y Nahui nuevamente posa para Rivera
durante la realización de su mural
en el Palacio Nacional.*

*Otros ojos de pintor
ven a Nahui:
los de Roberto Montenegro.*

Antonio Ruiz,
«El Corcito»,
también la pinta.

Gabriel Fernández Ledesma,
amigo de Nahui,
retrata su mirada entre la gente.

*Y los ojos de Nahui
se quedan para siempre
en la pintura mexicana.*

Por aquella época (1922) muere el general Mondragón;
Nahui lo llora, lo pinta uniformado, lo corona de laureles.
Para ella siempre fue un héroe.

Amistad entrañable, intercambio de retratos,
fue la de Nahui con Edward Weston;
así captó ella al fotógrafo.

Pasan los años
y nuevos artistas siguen retratando a Nahui.
Retrato de Ket-zaal.

Después del Dr. Atl, Nahui vive su relación con el caricaturista Matías Santoyo,
quien la lleva a Hollywood y, por supuesto, la dibuja;
mujer moderna, lápiz y libros en mano.

Nahui Olin, cuya pintura no empieza a ser catalogada hasta 1992, retrata en su estilo naíf las pulquerías, los portales, los festejos populares, las vendedoras de frutas, los bautizos, los panteones, el campo, las familias indígenas, las recauderías, las ferias, las plazas, el circo.

Atl, por su parte, relee a Cézanne, inventa colores, atrapa la luz, se identifica con el retrato y, sobre todo, con el paisaje, donde «volcará todo lo que le bullía de moderno y hará de éste la definición de su personalidad», escribe el crítico Jorge Alberto Manrique.

Fascinado por la belleza de Nahui, Atl la pinta, la retrata, la dibuja, la traza en diversos cuadros cuyo centro de atención «está puesto en los grandes ojos finos, serenos pero tensos, enmarcados por el peinado a veces estrambótico», agrega Manrique.

Sí, la atención del Dr. Atl está puesta en Nahui. El día en que Madame Marie Cresence («Marie Louise», según la biografía novelada del pintor) se presenta ante él para entregarle los textos que su discípula escribió de niña, éste describe en su diario la emotiva reacción de Nahui, quien decide, enseguida, visitar a su maestra:

Corrió a su antigua alcoba y después de desnudarse se cubrió con una bata y quiso bañarse. Bajo los chorros de la regadera su cuerpo asomaba entre su cabellera como un marfil entre hilos de oro. Aquel cuerpo con ondulaciones de serpiente, provocativo y terrible, fue transformándose poco a poco ante los relámpagos de mi deseo en una criatura de diez años, vestida con un traje escolar, peinada con trenzas ceñidas con grandes moños azules. Luego me pareció que la pequeña se inclinaba sobre su pupitre y escribía. Todo en ella se había transformado, menos los ojos. Aquella chiquilla tenía los mismos ojos de la fiera apocalíptica que yo estaba contemplando en su maravillosa realidad. Cuando levantó la cabeza y los asomó entre las guedejas de oro de su pelo, tuve un sacudimiento de terror. Algo ha-

bía en ellos que venía del otro mundo –quizá de las radiaciones de algún sol lejano– quizá de las profundidades de un deseo inextinguible. Ella pareció adivinar mis pensamientos.

–Estás pensando en los cuadernos que te trajo mi maestra.

–Estoy pensando en que el regalo que ella trajo, ha hecho retroceder el tiempo: estoy junto a ti cuando tenías diez años.

–Yo no tengo edad –dijo–, la pasión no tiene edad. Ni la inteligencia. Yo soy toda inteligencia y toda amor [...] Las mujeres sólo tienen la edad de su pasión en flor. Cuando esa flor se marchita, la mujer perece.

Mientras la pasión en el ex convento mudéjar de La Merced vive sus mejores momentos, Dolores, la hermana de Nahui, hace largas antesalas para poder hablar con el general Obregón. Por fin, éste la recibe y ella le pide autorización para que su padre –quien permanece en San Sebastián junto a su esposa y su nieta Marta– regrese al país. Está enfermo, tiene cáncer en la vejiga. Obregón accede, y rápidamente Dolores escribe a España para darles la noticia a sus padres. Pero el correo tarda tres meses en llegar a su destino, así que la carta de Dolores se cruza con la de su madre, en la que comunica la muerte del general Mondragón. Su herencia: una casa para cada uno de sus hijos en la calle del General Cano.

...

Aquí duerme de muerte
el General Manuel Mondragón
que hizo cañones y una revolución
y permanecerá en la historia
como una gloria

No llores hermanita
todo el mal que los gobiernos
le hicieron a Papá
Tuvieron miedo de su poder
...

(«Un jour de Septembre», *Calinement je suis dedans.*)

En esta época, Nahui Olin ve poco a su familia. Sus hermanos, cuñados, tíos, sobrinos, han regresado de España, pero no conocen al Dr. Atl.

Nahui llora la muerte de su padre desde la casa que comparte con quien es ahora su dios:

He puesto a tus pies cuanto poseo dentro de mí, fuera de mí.
Mi madre, a la que he negado mi presencia..., ha servido de
holocausto para ensalzarte en una fiesta mística,
una fiesta mística en la cual tú eres el único dios.
Las cenizas de mi padre que yo conservo como el recuerdo
de su grandeza,
las sacaría de su reposo para regarlas a tus pies, o ponerlas en un
sahumador el día de los difuntos mandaría cortarme la cabeza,
partir mi cráneo y convertirlo en una jícara donde tú pudieses
beber hasta la última molécula de mi amor
todo esto lo daría yo
Pero mi amor es ya una potencia sobrehumana
y mañana
día de muertos
será la resurrección
de todo el amor del universo,
de los universos
para regalarte
señor la síntesis de ese amor, que es mi carne.

El Dr. Atl y Nahui Olin a principios de los años veinte.
A su izquierda: Roberto Montenegro y Guillermo Ponce de León.
A su derecha: Julio Jiménez Rueda y Victoriano Salado Álvarez.

Nahui Olin en la fotografía dedicada al Dr. Atl
que atrapó a Tomás Zurián.

«Mi destino quedó marcado»

Tomás Zurián, reconocido restaurador de arte, inició desde hace más de doce años una investigación sobre Nahui Olin. Cuenta que en 1978 fue llamado por un coleccionista para que dictaminara cincuenta y cuatro obras del Dr. Atl. Cuando revisaba los paisajes del Valle de México, se topó con el rostro de Nahui Olin en una fotografía dedicada al pintor que decía:

Amor eterno Amor Atl, la palpitación de mi corazón es el sonido de tu nombre, que amo con toda la frescura de mi juventud, único ser que adoro, moja los ojos de tu amada con el semen de tu vida para que se sequen de pasión, quien no ha y será más que tuya.

«A partir de aquel momento mi destino quedó marcado por mi admiración a Nahui Olin», dice Tomás Zurián, la persona que, sin haberla visto, mejor la conoce hoy en día.

Intenso trabajo y una fascinación evidente hacia el personaje lo condujeron al rescate de Nahui en todos sentidos: como coleccionista de sus obras pictóricas, literarias y fotográficas; como historiador y como comisario de la exposición *Nahui Olin, una mujer de los tiempos modernos*, que se realizó de diciembre de 1992 a marzo de 1993 en el Museo-Estudio Diego Rivera de la ciudad de México. El equipo encabezado por Blanca Garduño, directora del museo, escarbó en la vida y la obra de esta mujer, y mostró los resultados de la investigación en los días del centenario de su nacimiento (1893-1993).

Diversos encuentros azarosos, relacionados con su profesión de restaurador de obras de arte, vincularon a Zurián con imágenes de Nahui Olin. El personaje lo hechizó, y a cuentagotas –porque la información documental es muy escasa y la mayoría de quienes la conocieron ya no viven–, le ha seguido el rastro.

«Lo interesante –dice Zurián– es que a Nahui Olin puede abordársele desde los más diferentes ángulos y todos resultan fascinantes: la época, la obra, su carácter rebelde, el estallido de la pasión por Atl, comparable a Romeo y Julieta, Abelardo y Eloísa, Henry y June.»

Atl, personaje de la cultura y la política, es el hombre renacentista del siglo XX que encarna el ideal del humanismo. Inteligentísimo, con proyecciones culturales que lo llevan a impulsar el arte popular cuando nadie lo veía y a poner el arte virreinal en el tapete de la apreciación artística. Crea la Casa del Obrero Mundial, hace adaptaciones a la técnica pictórica, es vulcanólogo, político. Ella, preciosa, escribe poesía y prosa, pinta y, al descubrirse mutuamente, se vuelcan en una pasión violentísima, desde lo más elevado del espíritu hasta lo más prosaico. Y viven en el ex convento de La Merced, el claustro más bello de la ciudad. Es la época más fructífera de los dos. Son dueños del mundo.

Nahui ya pintaba, dada su formación artística desde la infancia, pero estimulada por Atl, enriquece su técnica y desarrolla una pintura muy personal. Toda la obra de ella está dispersa en colecciones particulares, así que hemos empezado a catalogarla. No, no es una pintora de alto nivel, pero habrá que estudiarla debidamente como un elemento más que ayuda al renacimiento de la cultura mexicana de los veinte. La podemos ubicar dentro de lo que se llama *naïf*, inocente, no académico, pero sus soluciones plásticas las lleva más allá, rebasa ese horizonte. Sus aplicaciones del color son, en algunos cuadros, verdaderamente audaces. Su pintura es una biografía permanente, porque salvo los elementos cotidianos que contiene y la revaloración del indigenismo que intenta, la mayoría de sus pinturas son una representación de ella y sus circunstancias, un eterno autorretrato, producto de una necesidad interna y profunda por afirmar los valores que la sociedad no ve.

Para Zurián, Carmen Mondragón –como debía llamársele, porque Nahui Olin la remite exclusivamente a su relación con Atl– es una de las mujeres que respondieron mejor a las necesidades de la época, cuando despierta la cultura en un México en eclosión. Y agrega:

Ella entiende, aporta y nutre a su época de un sentido de libertad entonces inconcebible. Es una verdadera feminista. Sabe, porque ha viajado, que la mujer juega un papel importante en la cultura, y no como compañera o apoyo de un hombre, sino con potencial propio. Y expresa esto con acciones. Sí, es una gran feminista sin pancarta, una feminista que con sus actos genera una apertura. De niña vivió en Europa a fines del XIX, cuando las sufragistas inglesas exigen el derecho a voto de las mujeres, y se empapa de todo esto.

Tomás Zurián habla de Nahui Olin como una musa. Autor junto con Blanca Garduño del impecable catálogo *Nahui Olin, una mujer de los tiempos modernos*, el restaurador se refiere a esta mujer como alguien que sacudió a la sociedad de su época y que comienza a sacudir a la actual.

«La de Nahui Olin –dice– es una mentalidad ubicada en la modernidad, y esos elementos por los que la sociedad se avergüenza de ella se deben al senti-

Desnudo anónimo de Nahui Olin
realizado a lápiz plomo sobre papel.

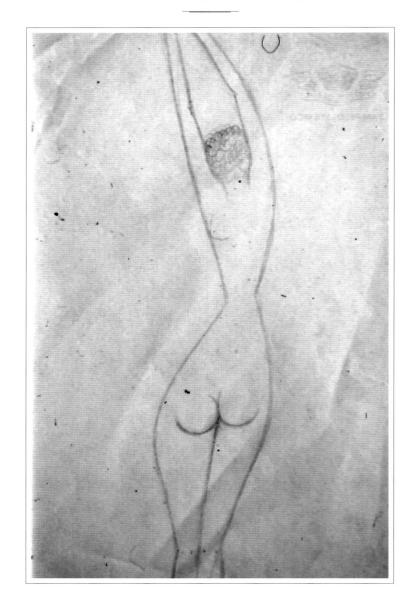

do de libertad que vislumbró más que otros de su época. Es de esas mujeres llamadas históricamente a romper moldes convencionales.»

Y, además, deja constancia de ello:

Mi espíritu y mi cuerpo tienen siempre loca sed
de esos mundos nuevos
que voy creando sin cesar;
y de las cosas
y de los elementos,
y de los seres,
que tienen siempre nuevas fases
bajo la influencia
de mi espíritu y mi cuerpo que tienen siempre loca sed;
inagotable sed de inquietud creadora,
[...] y es fuego que no resiste mi cuerpo,
que en continua renovación de juventud de carne y de espíritu,
es único y es mil, pues es insaciable sed [...]

(Fragmento de «Insaciable sed», en *Óptica cerebral*)

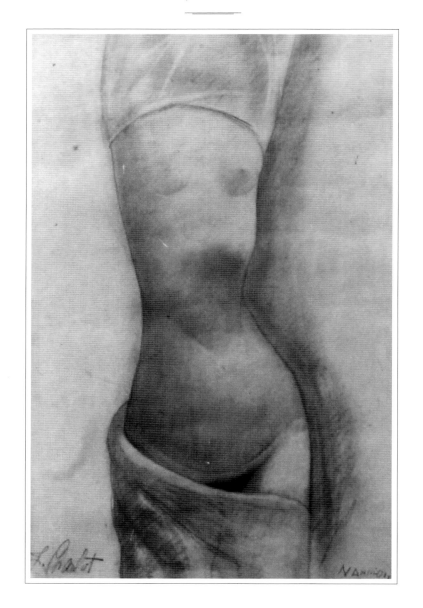

Las protagonistas de Diego

Lupe Marín, Tina Modotti, Antonieta Rivas Mercado, Nahui Olin, Frida Kahlo, Palma Guillén, Concha Michel, María Asúnsolo, todas ellas mujeres que en los años veinte tienen un papel relevante en la cultura, rompen moldes, pintan, escriben, toman fotografías, participan políticamente y nutren el ambiente cultural de la época... y todas ellas son retratadas en diversos murales de Diego Rivera.

Un año después de su regreso de París, en 1922, el pintor recibe la comisión, por parte de José Vasconcelos, para realizar un mural de casi 900 metros cuadrados de muro en el anfiteatro Bolívar de la Escuela Nacional Preparatoria. Ahí también pintarán David Alfaro Siqueiros y José Clemente Orozco. Es el primer mural que realiza Rivera en México, y elige como tema *La creación*.

Con la ayuda de Xavier Guerrero, Carlos Mérida, Jean Charlot, Amado de la Cueva y Luis Escobar, Rivera se instala en los andamios para representar al encausto «una historia racial de México a través de figuras que representaban todos los tipos que habían entrado a formar parte de la corriente de sangre mexicana, desde los indígenas autóctonos hasta los actuales mestizos de español e indio», escribe él mismo en *Mi arte, mi vida.*

El pintor necesita modelos y, cuenta su hija Lupe Rivera Marín, elige a varias de sus amigas para que posen en el anfiteatro. «Era un grupo que de una manera u otra formaba parte del incipiente movimiento feminista en la capital de la República. Entre ellas selecciona a cuatro jóvenes que rompen con el patrón de la severa educación porfiriana, pues aunque pertenecen a familias distinguidas y decentes, deciden incorporarse a la vida artística y cultural fomentada por Vasconcelos.» Son Lupe Rivas Cacho, bailarina del teatro Lírico; Nahui Olin, María Dolores Asúnsolo, después llamada Dolores del Río y Palma Guillén, estudiante de filosofía y letras, y después excelente diplomática.

Finalmente, en el mural quedan retratadas Julieta Crespo de la Serna (como La Prudencia), María Dolores Asúnsolo (La Justicia), Lupe Marín (La Fortaleza), Nahui Olin (La Poesía Erótica), la declamadora cubana Graciela Garbaloza (El Drama) y la bella indígena Luz González (La Tradición). Además, aparece nuevamente Lupe Marín, junto a Lupe Rivas Cacho (La Danza, La Comedia, La Música y El Canto), así como Luz González, al lado de Palma Guillén (La Ciencia y La Sabiduría).

De su experiencia como modelo de pintores, Nahui Olin deja constancia en un poema de su libro *Calinement je suis dedans*, titulado «Je pose aux artistes»:

Poso para los artistas
que hacen cuadros
siempre nuevos
cuando yo poso

Cuando poso
siempre soy otra
...
Mi espíritu
derramado en mi cuerpo
se escapa
por mis ojos

Los pintores
se atormentan

con razón
porque yo cuando poso
aporto siempre
algo nuevo.
Mi espíritu puro
derramado en mi cuerpo
que brota por mis ojos
a los señores
que siempre crean
conmigo
obras nuevas.

Mientras Diego trabaja en los andamios, suceden muchas anécdotas. Según relata el muralista en su autobiografía, estaba pintando a Lupe Marín, con quien ya había entablado una relación amorosa, cuando oye la voz de una niña que estaba detrás de uno de los pilares coloniales de la espaciosa sala:

–¡En guardia, Diego, ahí viene Nahui!

Nahui era el nombre indígena de una talentosa pintora que estaba posando para una de las figuras del auditorio.

La voz no dijo más; pero otra vez, cuando estaba trabajando con Nahui, la volví a oír:

–¡Cuidado, Diego, ahí viene Lupe!

Un año después, Rivera sabe que la dueña de la voz se llama Frida Kahlo, entonces estudiante de preparatoria.

La inauguración oficial de *La creación,* polémico mural desde el principio, se lleva a cabo el 20 de marzo de 1923.

El Sindicato de Obreros Técnicos, Pintores y Escultores, del que Nahui Olin forma parte, convoca entonces una reunión para celebrar, entre pintores, funcionarios patrocinadores de la obra, albañiles y amigos, la conclusión del mural. La invitación refleja el ánimo de aquella época:

INVITACIÓN

A LA FIESTA QUE EL

Sindicato de Obreros Técnicos, Pintores y Escultores celebrará, el martes 20 del corriente mes, en honor de los señores

DIEGO RIVERA

su muy querido compañero y maestro de taller, con motivo de haber terminado la obra de decoración del Anfiteatro de la Escuela Nacional Preparatoria, obra que resucita la pintura monumental no solamente en México, sino en el mundo entero, iniciando así en nuestra patria, un nuevo florecimiento que será comparable a los de la recia antigüedad, y cuyas grandes cualidades de decoración mural, hábil oficio, sabiduría en el juego de las proporciones y calidades, claridad expresiva y fuerza anímica (todo dentro de un mexicanismo puramente orgánico desprovisto por completo de insano y fatal pintoresquismo), muestran la obra insuperable para que los amantes del oficio de la pintura aprovechen la ciencia y experiencia en ella acumuladas;

LICENCIADOS DON JOSÉ VASCONCELOS
Y DON VICENTE LOMBARDO TOLEDANO

inteligentes iniciadores y bondadosos protectores de dicha obra y de todos los nobles esfuerzos de desenvolvimiento de las artes plásticas en México;

LUIS ESCOBAR, XAVIER GUERRERO, CARLOS MÉRIDA,
JEAN CHARLOT Y AMADO DE LA CUEVA

expertos ayudantes del maestro Rivera.

Todo esto para darle gracias al Señor que nos libró de una terrible y espantosa caída de los andamios, durante casi un año de penosísimos trabajos desarrollados a una altura cercana a los diez metros.

Cita: A las 12.30 p.m. en Mixcalco 12, Taller Cooperativo Tresguerras de Pintura y Escultura. Con cinco pesos sin falta en el bolsillo.

Nota muy importante: Para que no les digan gorrones, pagarán también los agasajados.

Más tarde Rivera retrata a Nahui en los murales *Día de Muertos* y *La buena mesa* de la Secretaría de Educación Pública, en el Palacio Nacional, y en el mural del teatro Insurgentes, donde la pinta atendiendo a un enfermo.

———

Antonio Luna Arroyo, amigo cercano de Diego Rivera, afirma que también el Dr. Atl pintó a Nahui en su mural del ex convento de San Pedro y San Pablo: «Pintó al sol y a la luna, y los trazó con todos sus órganos sexuales, y creo que por eso borraron el mural.»

Lo que sucedió, y está documentado por Jean Charlot (*El renacimiento del muralismo mexicano, 1920-1925*) y por el Departamento de Investigación del Museo Nacional de Arte (*Dr. Atl. Conciencia y paisaje*, 1984), es que, justo el mismo año en que se conocen Atl y Carmen Mondragón, Vasconcelos comisiona al artista, junto con Xavier Guerrero y Roberto Montenegro, para pintar murales en el ex Colegio Máximo de San Pedro y San Pablo. Atl pinta, con protorresinas preparadas por él mismo, El Sol, La Luna, El Viento, La Lluvia, El Titán, El Vampiro, La Noche, La Ola y El Hombre que salió del Mar. Y retrata a Nahui. Sin embargo, Vasconcelos ordena cubrir los órganos sexuales de las figuras, y después Narciso Bassols manda rasparlas por completo.

Nahui es borrada del mural, pero no de la memoria. Carlos Pellicer López, sobrino del poeta y ocupado hoy en su archivo, donde encontró obra de Nahui Olin, recuerda varias anécdotas relatadas por su tío y que no registra la historia académica. Ubica la escena en el convento de San Pedro y San Pablo. Muy cerca de ahí está una escuela normalista, por lo que alrededor del patio del ex colegio se pasean muchas señoritas con las que coquetea el Dr. Atl. Nahui Olin lo sorprende un día y eleva la voz hacia el andamio donde él se encuentra: «¡Desgraciado, cuando bajes te voy a comer las tripas, te voy a matar!» Atl sigue pintando tranquilamente, y una vez que terminan los insultos, vuelve hacia Nahui, se le queda mirando y le dice: *«Oui, oui, mon-dragon.»*

*«En esa época la imagen de las mujeres bonitas
estaba muy influida por el cine mudo italiano»:
Manuel Álvarez Bravo.
Fotografía de Antonio Garduño con dedicatoria a Nahui Olin.*

Los tremendos ojos verdes

A sus noventa años, el más reconocido de los fotógrafos mexicanos, Manuel Álvarez Bravo, también recuerda esa época, y la describe dándole su toque de humor:

Conocí a Nahui en su mejor y en su peor momento. Era muy bella, con tremendos ojos verdes, muy intensos. Era la época del muralismo. La vi por primera vez cuando Atl pintaba en la Preparatoria. Un día, Nahui lo andaba buscando, y como no lo encontró en la Preparatoria, le escribió sobre la pintura un mensaje tremendo con palabras muy crudas. Así le dejaba recados por todos lados. Ese mural de Atl contenía un desnudo muy interesante. Yo propondría que ahora se rescate, porque técnicamente es posible hacerlo.

Viví un tiempo en el centro, en un departamento de República del Salvador. Abajo había un puesto que se llamaba El Dr. Atl, pero no era exactamente un sitio cultural, sino donde iban a curarse los crudos. Por ahí vivían Atl y Nahui, en el ex convento donde Weston retrató al pintor en 1923.

En la fotografía que menciona Álvarez Bravo, Atl se encuentra apoyado en un muro. A sus espaldas se puede leer un texto escrito sobre la pared, cuya letra manuscrita corresponde a la de Nahui Olin:

El Dr. Atl en la Merced apoyado en un muro
donde se aprecia un mensaje amoroso de Nahui Olin.

Me he aterrorizado de tanto pensar y no he podido impedirlo –entonces me he visto con un dominio que nunca había conquistado [...] Amor– has llenado algunas horas –amor las horas de vida– juventud. Dolor– sólo tú te quedarás con mi vida hasta que sólo quede mi cadáver.

Nahui era más que una modelo –continúa Álvarez Bravo–. En aquellos años surgen mujeres muy valiosas, pero para mí las más interesantes son Lupe Marín y Carmen Mondragón. Les encantaba hablar sin inhibiciones, hasta en forma agresiva. Yo creo que podríamos hablar de una preliberación femenina. En esa época, de personajes tan tremendos como Orozco, Siqueiros, Rivera y tantos, la gente trataba de tener una personalidad original, propia, y por eso hay actitudes que buscan deliberadamente salirse de lo tradicional, y probablemente esto se da más en los artistas plásticos.

Don Manuel recuerda *La creación*.

Ahí está Nahui, pero también Lupe Rivas Cacho, extraordinaria actriz de la época. Fíjese que por esos años vino Ana Sokolow a México, y entre otras cosas, puso *El lago de los cisnes*. Entonces, donde Lupe trabajaba, en el teatro Lírico, siempre se hacía la parodia y ella representó *La muerte del zopilote*. Todavía la veo ahí tirada y la gente aplaudiendo de pie.

Nahui era conocida esencialmente como una mujer muy bella. Yo no la retraté, pero Edward Weston hizo una excelente fotografía de ella, en la que podemos apreciar el estilo que el fotógrafo adquirió en México. Ella estaba muy enojada, porque cuando Weston la tomó, ella no se había arreglado. Después, Nahui tuvo entre sus relaciones la de un fotógrafo. Me parece que era Antonio Garduño, cuyas mejores imágenes son los desnudos de Nahui.

En esa época las mujeres bonitas estaban muy influidas por el cine mudo italiano. Imitaban a las grandes estrellas, como Pina Meniccelli, Francesca Bertini, María Jacobini e Italia Almirante Manzini. Fijémonos si no en el pelo, en cómo se pintaban la boca; es un testimonio interesante del intercambio constante que existe entre el cine y la realidad.

«Las mujeres se pintaban boquitas de corazón –escribe Elena Poniatowska en *Bailes y balas. Ciudad de México, 1921-1931*–. María Conesa no era tan acuerpadita, pero les cortó la corbata a todos los revolucionarios y políticos que iban a verla bailar y cantar. Los cigarros *Carmelitas*, especiales para dama, con o sin boquilla, de El Buen Tono, iniciaron a las *flappers* que, con guantes y sombreros de campana, pedían que a la mujer se le permitiera votar y trabajar...»

Y, en efecto, como menciona Blanca Garduño, estas mujeres (Nahui Olin, Lupe Marín, Antonieta Rivas Mercado y después Frida Kahlo) son las primeras «pelonas», las mujeres modernas de entonces. Mientras se usaba el moño y luego las trenzas, «estas señoras, muy a la vanguardia por su contacto con Europa por el *art nouveau* y el *art déco*, se cortan el pelo. Era señal de gente muy aguerrida».

Sin embargo, en uno de sus poemas («J'ai coupé», en *Calinement je suis dedans*), Nahui Olin escribe:

Corté
mis cabellos largos
y rubios.
Los corté
para amar

para dar un poco
del oro de mi cuerpo.
Los corté por amor

...

corté la mitad de mis cabellos
para dar un poco
de mi cuerpo.

Corté mi largo abrigo de oro...
para el SOL
que viene de lejos
hasta mí
para amarme

Uno de los retratos más reveladores
de Edward Weston (1924).

Weston y su retrato para la historia

ahui Olin conoce a los fotógrafos Tina Modotti y Edward Weston en 1923. Ella de origen italiano y él estadounidense, viven una relación amorosa desde hace dos años y se encuentran en México, donde entablan amistad estrecha con el grupo de pintores y escritores, entre los que se encuentran Nahui Olin y el Dr. Atl, Diego Rivera y Lupe Marín, Miguel y Rosa Covarrubias, Anita Brenner, Frances Toor, Jean Charlot, José Clemente Orozco, David Alfaro Siqueiros, Xavier Guerrero, Felipe Teixidor, Fermín Revueltas y Germán y Lola Cueto.

Weston acaba de inaugurar su exposición fotográfica en la galería Aztec Land, y el 30 de octubre escribe en su diario (*The Daybooks of Edward Weston*):

Una visita interesante y también interesada fue la del Dr. Atl. Vino con Nahui Olin, quien es aparentemente su amante, una fascinante joven mexicana que ha pasado la mayor parte de su vida en París. Tina y yo cenamos con ellos, después fuimos a casa de Nahui para ver su obra y la del Dr. Atl, sus libros y sus pinturas. Caminando por avenida Madero daba la impresión de que todo el mundo saluda a Atl.

El 9 de noviembre, vuelve a aparecer en el diario de Weston:

[...] He trabajado algo con mi cámara, hice desnudos de Tina [...] y también los mejores retratos que he hecho en México, los de Nahui Olin.

Uno de estos retratos, en el que Nahui Olin mira de frente al fotógrafo, ha viajado por diferentes países, desde Estados Unidos hasta Alemania y Austria. Para Ben Maddow (*Edward Weston, his life*), esta obra forma parte ya de «los tesoros de la fotografía».

Weston había estado siempre obsesionado con los rostros, fotografiaba a todo aquel que conocía. Maddow asegura que se encantaba al observar, en el momento preciso de la revelación, las sutiles ondulaciones musculares que fluyen sobre el rostro humano. «Y el retrato más bello de este periodo es el de una mujer llamada Nahui Olin. Uno tendría que ser piedra para no enamorarse de ella [...]»

Mucho se hablaba de Nahui Olin. Su belleza provocaba envidias; la libertad con la que ejercía su sexualidad, la crítica fácil, pero Weston, dice Maddow, vio mucho más allá en ella, especialmente en ese retrato: «La sensualidad es directa y casi felina en su urgencia.»

Otros ojos expertos en la obra de Weston miran la misma fotografía. Son los de Amy Conger, reconocida fotohistoriadora (*Edward Weston, Photographs from the Collection of the Center for Creative Photography*):

«La distancia física y psicológica entre fotógrafo y sujeto se ha reducido al mínimo. Los dos participantes de este acto están violando el espacio del otro mutuamente: un reto visual en el que ninguno de los dos se rinde. Proporcionalmente, ella ocupa más del espacio en el cuadro que cualquiera otra persona que él había fotografiado. Le muestra los labios partidos, los poros de la piel y su azaroso y tasajeado cabello. La impresión, sobre todo de miseria, es suavizada por la amable curva de luz en su clavícula y los más ligeros contornos en las partes sombreadas de su nariz y su mejilla. No hay ni ademanes ni adornos que ubiquen o limiten este retrato a una época o sitio en particular. Es, sin duda, uno de los retratos más reveladores en toda la carrera de Weston.»

El mismo día que hace las fotografías de Nahui, Weston acude a una fiesta organizada por el millonario Tomás Braniff, quien reúne a una serie de artistas con la idea de tocar problemas filosóficos y artísticos, plan que fracasa porque los artistas quieren divertirse. Están Tina Modotti, Adolfo Best Maugard, Guadalupe Rivera, el Dr. Atl y Nahui Olin.

Cuenta Weston que en plena cena se toca el tema del sexo. Lupe habla de los homosexuales en Guadalajara y de un grupo de hombres que, de hecho, ya usan tacones, a lo que Nahui Olin agrega: «Uno de cada dos hombres en México es homosexual.»

Todas las apariciones de Nahui Olin en el diario de Weston son alegres. En una ocasión describe la fiesta de disfraces en la que él y Tina Modotti intercambian atuendos. Divertido, comenta cómo se imitan uno al otro. Ella lleva la cámara de su compañero, fuma su pipa y viste su ropa. Él, vestido de mujer, se divierte al observar la confusión de la gente y la reacción de Lupe Marín que, vestida de Diego, lo llama «sinvergüenza», mientras trata de quitarle sus senos postizos. El fotógrafo confiesa que tomó tequila y se emborrachó un poquito, lo suficiente para desconcertar «al bueno de Frau Goldschmidt cuando Nahui Olin, el doctor Matthias y yo bailamos juntos».

A mediados de octubre de 1924, Edward Weston inaugura una exposición conjunta con Tina Modotti en el Palacio de Minería. Las fotografías más comentadas, dice, «son las cabezas de Galván, Lupe y Nahui Olin, y algunas de Tina». Sin embargo, agrega: «Nahui está un poquito *enojado* (sic) conmigo por exhibir un retrato suyo tan revelador, aunque le pedí permiso antes de colgarlo... Ahora quiere que haga algunos desnudos de ella, y lo haré.»

No se sabe con certeza si los lleva a cabo, pero lo que sí se sabe es que Nahui lo visita en Los Ángeles en 1928 para regalarle una copia de su último libro.

Weston también menciona entusiasmado a Nahui cuando, ya de regreso en Estados Unidos, recibe una tarjeta de Año Nuevo, firmada desde una fiesta:

Fiesta de disfraces. Sentada en el suelo a la izquierda está Nahui Olin, en el extremo derecho Lupe Marín. En la fila de en medio están, entre otros, Roberto Montenegro, Tina Modotti (con corbata), Frances Toor y Edward Weston (1923-1924).

«Tina, Monna, Nahui, Felipe y Rafael.» El fotógrafo describe en su diario una cena compartida con Tina, Jean Charlot y Nahui Olin en octubre de 1924:

Jean, que la conoce bien, definió a Nahui como un genio que no tiene nada que ver con el talento. Por momentos, de una gran brillantez tanto en la escritura como en la pintura. Nahui persiste en el lugar común, sin preocuparse en lo más mínimo, sin tener en cuenta lo mejor de su obra, insistiendo en lo peor. Nos pasamos dos horas escuchando sus poemas y prosas y sátiras escritas en francés y español.

Por esa época, motivada por el Dr. Atl, Nahui Olin publica *Óptica cerebral, poemas dinámicos*. En el prólogo, escrito justamente por el pintor, se lee:

Nahui Olin
Fulgor vertiginoso
Radiación destructora de la muerte
Ansia luminosa de mayor esplendor
Desesperación de mayor vida
Hoguera en cuyo centro vibra la llamarada azul
de tu más vivo deseo
inquietud ardiente.
Flama suavemente coronada de áureo resplandor
Fulguración en cuya lumbre la conciencia se precipitó
como un planeta desorbitado en el fuego de un sol [...]
Es tu nombre el más grandioso símbolo
de las cosmogonías
Es tu boca la más humana de todas las bocas
Son tus ojos dos abismos abiertos
entre el polvo sideral
Anillos de una nebulosa
a través de los cuales se miran
los abismos del caos.
Boca ardiente es tu cuerpo
Y es tu pensamiento
una rotación que conmueve al Universo
e ilumina mi corazón.

También en esos años, Nahui publica su libro: *Calinement je suis dedans* (Cariñosamente estoy adentro), en cuya carátula aparecen sus enormes ojos verdes. De ellos escribiría en «El verde de oblicuos agujeros» de *Óptica cerebral:*

El verde de oblicuos agujeros que de un rostro es lo que todos miran [...] Así miran todos, todos los seres que se cruzan con el rostro de Verdes Agujeros Oblicuos, y sólo miran su belleza, su apariencia, y en su intenso color verde de enigmática fuerza, no penetran la potencia de expresión, la vibratoria inquietud, la constante rebeldía de un espíritu, de un cerebro en acción dotado de millares de fibras microscópicas, sensibles al contacto de todo átomo viviente [...] Largas puntas negras de pestañas se adelantan con audacia ante toda mirada. Es una línea punzante de la esfinge que aparta de sí a la vulgaridad que sólo ve el Verde de sus agujeros oblicuos.

«Mis sombreros / son toda una historia...»,
Nahui Olin,
Calinement je suis dedans.

«Un reino donde yo sola soy»

De la postura política de Nahui Olin en aquellos tiempos poco se sabe. Lo que la sociedad veía era la relación escandalosa con el Dr. Atl. Sin embargo, Bertram D. Wolfe documenta, en *La fabulosa vida de Diego Rivera*, que cuando el pintor ingresa en el Partido Comunista en 1922, pronto forma parte de su comité ejecutivo, junto con David Alfaro Siqueiros y Xavier Guerrero. Casi al mismo tiempo se integra la Unión Revolucionaria de Obreros Técnicos, Pintores, Escultores y Similares, que en 1924 publica *El Machete* como órgano de difusión. Al mencionar a los miembros de la Unión, Wolfe señala: «Eran dos las mujeres que figuraban en el sindicato: Nahui Olin, más modelo y seguidora de pintores que pintora ella misma, a menos que se haga una salvedad por el extraño y sorprendente modo de pintar su propia persona, y Carmen Foncerrada.»

Nahui Olin forma parte del sindicato y se agrupa con los pintores. Sin embargo, en sus textos, más que una postura política definida, se transparenta la mujer inconforme, rebelde, a la defensiva y en permanente resistencia a lo establecido y, por supuesto, a la autoridad:

La esclavitud que abarca al mundo entero, es su propia cobardía e insinceridad de no aprovechar los pocos bienes espirituales que tenga, adaptándolos a móviles buenos conductores para su subsistencia y de esa combinación obtener el resultado de una fuerza que les per-

97

«¡Qué me importan las leyes, la sociedad, si dentro de mí hay un reino
donde yo sola soy...!»: Nahui Olin.
Dibujo al carbón del Dr. Atl.

mita la independencia de agrupaciones que hacen de los pueblos y de los mundos masas uniformes, manadas de borregos guiados por venerados criminales que se titulan gobiernos, sin gobernar más que sus intereses propios que convierten en inmensos ganados de animales domesticados.

Y son leyes de hierro fundibles fácilmente con el solo valor indivi-
dual o colectivo de imponernos gobiernos evolutivos que nuestra
predominancia intelectual merezca. Aunque el oro sea el poder y la
libertad de las antiguas, de las actuales y futuras generaciones –que
no sea esclavitud de la cobardía humana.

(Fragmento de «Esclavitud», *Óptica cerebral*)

En su texto *Nahui Olin* escribe:

¡Qué me importan las leyes, la sociedad, si dentro de mí hay un
reino donde yo sola soy...!

En 1923 sale a la luz el *Manifiesto* del sindicato. Sus principales puntos son: la adhesión a la III Internacional; la idea del arte como un trabajo relacionado con la sociedad en que se vive y, al mismo tiempo, con el arte moderno internacional, y la propuesta de un arte en el que las obras tengan un sentido de utilidad para las clases desposeídas. Dichos postulados, aunados a la política de Vasconcelos, son suelo fértil para el surgimiento de la Escuela Mexicana de Pintura.

La polémica en torno al muralismo y las críticas a su contenido político crecen como los metros cuadrados pintados en San Ildefonso, así como en la Biblioteca Iberoamericana, donde trabaja Montenegro, y en la SEP y Chapingo, donde continúa su labor Diego Rivera.

«La pintura invadía los muros. Composiciones heroicas, experimentos, entusiasmo, envidias, intrigas, aprendizaje», escribiría José Clemente Orozco.

Y, como dice Andrés Henestrosa, «la vida del país estaba en el centro de la ciudad de México y, más concretamente, en los alrededores de la SEP». La cultura está en ebullición. También a principios de los años veinte irrumpe el movimiento artístico estridentista encabezado por Manuel Maples Arce, influido por el dadaísmo, el ultraísmo español y el futurismo italiano y ruso. Partici-

pan en él Germán List Arzubide y pintores como Leopoldo Méndez, Ramón Alva de la Canal, Germán Cueto, Jean Charlot y Fermín Revueltas.

Mientras, en el ex convento de La Merced, la vida de Nahui Olin con el Dr. Atl es un verdadero volcán. El pintor narra en su diario:

La vida se ha vuelto imposible. Los celos nos torturan. Yo, más dueño de mí mismo, me contengo, pero ella es un vendaval. Esta mañana dos pobres muchachas, que después de abandonar mi consultorio se atrevieron a subir a la azotea para contemplar el panorama de la ciudad, provocaron una furia terrible en Nahui, que ahí estaba. Apenas las vio, se les echó encima. Trató de empujarlas hacia el borde de la cornisa, con la intención de arrojarlas al patio. Me interpuse. Hubo escenas violentas, injurias de Carmen, lloriqueos de las muchachas, que bajaron las escaleras asustadas. Tuve que acompañarlas hasta el portón y suplicarles que perdonaran el incidente. Cuando subí al gran salón encontré a Nahui Olin dando vueltas como fiera enjaulada, con los ojos iluminados por relámpagos de rabia, traté de calmarla, inútilmente. Esa primera tempestad anunciaba el tiempo de lluvias, los truenos y las tormentas y los rayos que habrían de fulminarme.

Días después escribe:

Ella ha vuelto a vivir en mi casa. Por las noches en el silencio de la vasta estancia dormíamos en nuestro antiguo lecho, testigo y víctima de nuestros amores. Una de esas noches, después de una breve discusión, yo me dormí profundamente, pero en medio de mi sueño empecé a sentirme inquieto como si fuese víctima de una pesadilla y abrí los ojos. Estaba sobre mí, desnuda, con su cabellera revuelta sobre mi cuerpo, empuñando un revólver cuyo cañón apoyaba en mi pecho. Tuve miedo de moverme, el revólver estaba amartillado y el más leve movimiento mío hubiera provocado una conmoción nerviosa en ella y el gatillo hubiera funcionado. Poco a poco fui retirando el revólver, y cuando mi cuerpo estuvo fuera de su alcance, rápidamente le cogí la mano y le doblé el brazo fuera de la cama. Cinco tiros que perforaron el piso pusieron fin a la escena

La violencia supera al amor. Según narra Atl, cuando estaba en los andamios, Nahui iba y lo injuriaba, al igual que en las fiestas. Un día, él le arroja un bote de pintura que la baña de la cabeza a los pies.

Desnudo de Nahui Olin.

Los escándalos son públicos. Como venganza de aquella escena, Nahui pega en la puerta de su estudio una carta abierta:

> *Miserable medicucho –asesino de mujeres– valiente con las mujeres –cobarde– [...] te he puesto los cuernos con veinte enamorados de verdad –viejo loco– te crees inteligente porque explotas el talento de los demás –qué me importa tu despecho. Te mueres de rabia porque soy la ambición de todos los jóvenes bien de México. Tengo ya mi novio que es un cantor italiano de la ópera y no necesito de ti.*

Apunta el Dr. Atl que, cuando estaban en un sitio público, ese lugar se convertía en escenario de carpa:

Nuestra vida era el escándalo máximo de la ciudad, de esta ciudad que entre las reformas de los legisladores a la sombra de Benito Juárez, y las manifestaciones reaccionarias de la sociedad hipócrita, vivía una existencia contradictoria.

No en balde, Siqueiros escribe refiriéndose a Guadalupe Marín y a Carmen Mondragón en estos términos: «Sus escándalos marcaron toda una época, una época de bohemia empistolada y agresiva muy sui géneris.»

A las relaciones de Atl con otras mujeres que visitan La Merced, Nahui no responde con el silencio sumiso establecido. Su temperamento, su autoestima, no van con eso.

Si tú quieres libertad para ti mismo, yo la quiero también para mí.

En otra ocasión, en la que Nahui ataca a dos visitantes del pintor con una sombrilla, éste la arrastra al baño y la baña vestida.

La amarré mojada como estaba, y la encerré en un cuarto [...] volví a casa al anochecer, abrí el cuarto y me encontré a Nahui tirada en el suelo, completamente dormida. La desamarré, se cambió de ropa, y sin decir nada se puso a escribir.

Se trata de una denuncia a la policía.

El 11 de octubre de 1923, el Dr. Atl concede una entrevista a *El Universal Ilustrado*. A la pregunta de si se casaría con una escritora, responde: «Considero el matrimonio como el absurdo fundamental de las sociedades [...] Aunque [una escritora] escriba bien, la vida se hace insoportable a los cinco minutos de

estar con ella. Tengo la convicción y estoy seguro que así pensará la mayoría de los hombres, que la vida en común con una mujer es una constante contradicción; con una literata sería una constante catástrofe.»

Una semana después, y entrevistada por el mismo medio, Nahui Olin responde que nunca se casaría con ningún hombre, «y menos con un pintor extravagante o con un literato mediocre, porque están ya casados con la obsesión de una gloria que la mayor parte de las veces no merecen y son esposos de la Vanidad».

Jorge González Camarena, discípulo del Dr. Atl, cuenta, en un testimonio recogido por Antonio Luna Arroyo (*Jorge González Camarena en la plástica mexicana*), que en aquella época concurren al estudio del paisajista en La Merced literatos noveles, críticos de arte, actrices, prostitutas, bailarinas y empleados. Enriqueta la Formosa, las Campobello, Carmen de la Barreda y Pérez, María Douglas, Isabela Corona, Agustín Yáñez, Agustín Villagra, Francisco Dosamantes y Luciano Kubli son algunos de los invitados del Dr. Atl, quien no sólo los entretiene con sus cuentos de todos colores, sino que les cocina espaguetis y les regala botellas de vinos espumosos.

El pintor alterna la tertulia con el trabajo. Por aquella época, la Secretaría de Hacienda y Crédito Público edita el libro *Iglesias de México*, con textos y dibujos al esténcil del Dr. Atl y fotografías de Guillermo Kahlo. Mientras, Nahui Olin pinta y prepara la publicación de su libro *A diez años sobre mi pupitre*.

De acuerdo con el testimonio de González Camarena, «como el Doctor era muy sano y pintoresco, y tenía ingresos muy cuantiosos por la venta de sus cuadros, con la frecuencia de casi todos los días le iban a visitar bellas y jóvenes mujeres, mismas que después se hacían asiduas concurrentes al estudio, y el Doctor les tomaba afecto, las protegía después, y al final las lanzaba al estrellato teatral, al matrimonio o al voladero. Solamente se veía al estudio desierto cuando volvía el amor apasionado de Nahui Olin».

Y es que Nahui va y viene del convento. Con su belleza a cuestas, con su libertad a cuestas, con su amor propio a cuestas. Así se defiende ante su amante:

[...] puedes deturparme, puedes escribir contra mí en estos inmundos periódicos liberales y puedes reírte de mis amenazas –todo lo que quieras– pero lo que no te he tolerado ni puedo tolerar ni te toleraré jamás tu infidelidad, tu engaño, tu falta de valor para decirme: mi amor ya no está contigo. Odio a los cobardes como tú porque yo soy franca, sincera, brutal como todo lo que es grande, como todo lo que es único [...] Tú amarás otras mujeres y comprenderás a otras muje-

res porque tu poder no llega más allá de esa misma vulgaridad. Yo soy superior a toda miseria.

La sociedad de los años veinte no ve en Carmen a una mujer liberada. Prefieren encasillar sus actos en la locura.

En una entrevista concedida en 1979, Raoul Fournier, médico amigo de la pareja, le dijo a Arturo Casado Navarro (*Gerardo Murillo, el Dr. Atl*) que el fracaso de la relación se debía, entre otras cosas, a la manera «tan en extremo liberal con que ella vivía la sexualidad, incluso manteniendo relaciones con distintos estibadores del mercado que rodeaban el convento».

En 1925, la propia Frida Kahlo, en una carta a su novio Alejandro Gómez Arias, escribe: «Nunca se me va a olvidar que tú, al que he querido como a mí misma o más, me tuvieras en el concepto de una Nahui Olin o peor que ella misma, que es un ejemplo de todas ellas.»

Quienes la miran a la luz de los años noventa, como el historiador Antonio Saborit, la ven de otra manera: «La reputación de Nahui Olin en la sociedad capitalina de los años veinte o, más bien, entre quienes sabían de ella y su familia porfirista, se desprendió de sus imaginadas, más que reales, costumbres sexuales. Este recuerdo vivió por años en la memoria de amigos y contemporáneos. No debe costar trabajo entender que una mujer, por el hecho de vivir sola y ser divorciada, reuniera con facilidad todo tipo de famas. La intolerancia, ya se sabe, tiene sus constantes.»

Según el testimonio de Fournier, relatado por Saborit, Nahui amuebla una habitación de su casa como consultorio médico, en el que hace antesala la mayor parte de los tipos populares mexicanos de la época. En un lado tiene la alcoba, separada de la supuesta sala de espera, en donde boleros, vendedores de lotería y estudiantes aguardan su turno. Y la leyenda se alimenta aún más.

Para Tomás Zurián, «todas las desviaciones de Nahui Olin están en los supuestos, en el "se dice". Más que corrupción sexual, yo veo en ella una necesidad erótica de afirmar su existencia. Ella bebía vida del erotismo en la proporción en que mucha gente bebe vino».

Yamina del Real, quien encarna a Carmen Mondragón en la película independiente *Nahui Olin, insaciable sed*, opina: «Hay que escribir sobre Nahui Olin desde la perspectiva femenina. Hay que desmitificar el hecho de que, si se trata de mujeres pensantes que ejercen su sexualidad con libertad, son automáticamente locas o putas; en el hombre, en cambio, son signos de virilidad. Y las aventuras de Atl con otras mujeres se ven diferentes. Ella fue contra la corriente, representa la lucha de la mujer en una época de represión sexual que hoy continúa. Pudo tener cosas terribles, un temperamento explosivo, pero encontró el medio de expresarse en la poesía y la pintura, y lo hizo bien.»

La película aborda el tema fundamentalmente erótico. «Vemos a Nahui como un ser humano de carne y hueso que ejerce una libertad sexual insólita para la época que le toca vivir. Nos centramos en la cuestión del amor, de esa pasión que lleva al desgarramiento, y que viven Lupe Marín, Antonieta y Nahui, mujeres a contracorriente cuya postura como seres humanos, cuya vida misma, rebasa a su obra.»

A Nahui Olin se le ha visto de muchas maneras, pero lo más importante, continúa la actriz, «es que vivió siempre, hasta el día en que murió, de acuerdo con sus ideas. Y no se regresó a la mitad del camino. Prefirió morir sola que entrarle al mundo de los demás, siguió creyendo en lo que pensaba, equivocada o no, refugiándose en la visión cósmica y en los animales. Ella alzó la voz por muchas mujeres. Y sin Diego, sin Weston y sin Atl, Frida, Tina y Nahui hubieran hecho cosas de todos modos, porque tomaron las riendas de su vida sin pedirle permiso a nadie».

Antonio Luna Arroyo asegura que aquélla «era una época llena de juventud y sexualismo. Y Nahui es un elemento clave en la historia de la sexualidad en México, más que otra cosa. No la considero como escritora ni como pintora. Sí, escribió con emoción y sentimiento, pero alrededor de esas cosas se ha hecho mucha fantasía».

Nahui Olin y el Dr. Atl se separan. Termina la guerra en el convento de La Merced, pero comienza otra en el país: la de los cristeros.

Ella se va a vivir a la parte alta de una casa colonial en el centro de la ciudad de México conocida como la Casa de la Marquesa de Uluapa. Y el Dr. Atl ocupa también la parte alta, pero de los volcanes del paralelo 19: el Popocatépetl, el Iztaccíhuatl y el Pico de Orizaba, para arrancarles sus secretos plásticos.

Hay encuentros y también más correspondencia desde la separación. En uno de sus escritos, Nahui le pide al Dr. Atl que le devuelva sus cartas:

[...] no mereces guardarlas porque son mi propia sangre, mi propia vida y no quiero que las pisotees, como has pisoteado mi cuerpo. Esas cartas deben volver a mi poder, pero las tuyas nunca volverán a tus manos.

Atl le envía sus cartas, sus libros y sus retratos. Pero Nahui no está conforme: se entera de que él guarda copia de todos sus escritos porque quiere conservarlos. Y le vuelve a reclamar:

Eso no lo permitiré nunca. Tú no debes conservar nada ni la sombra de mi pensamiento porque no quiero que nadie la mancille.

El Doctor no sólo las conserva, sino que las publica.

A pesar del tono con el que ella escribe, en una de las últimas cartas se percibe que el amor no se ha extinguido:

La fuerza que me tiene clavada junto a ti es superior a todas las fuerzas –y te amo aun odiándote– porque el amor es contradicción, es absurdo.

Y te amo de lejos, de cerca, te amo con locura, con la locura de mi inteligencia y de mi deseo, con los ojos cerrados y el corazón otra vez palpitante.

Luna Arroyo recuerda:

Años después, el Dr. Atl se encontró a Nahui en la calle de San Juan de Letrán. Estaba deshecha. Ella le dijo que iba a visitar a su despacho al señor licenciado don Franco Carreño. Por el recuerdo de sus amores, la llevó a su estudio, le regaló dos de sus cuadros y le entregó dos muy bellos de los que era autora Nahui Olin y que el mismo pintor conservaba. Días después, Nahui volvió por sus pies a venderle sus cuadros al pintor, pues decía que nadie se los quería comprar. Atl aceptó la oferta y le pagó 500 pesos por cada uno de los cuadros de Nahui y 200 por cada uno de los suyos. Pero cuál sería la sorpresa de Atl que al día siguiente se presentó ella misma con dos policías para que levantaran un acta sobre los cuadros que él le había «robado», y el Doctor pagó otra vez.

El epílogo de Luna Arroyo no puede ser más elocuente:

Pasaron más años, y el imaginativo Doctor recibió la visita de un imprudente amigo que fue a venderle fotografías de los bellos desnudos de Nahui Olin, agregando que la propia interesada se dedicaba a venderlas. Y el artista lo despidió, diciendo con adjetivos violentos, que ésa era historia antigua de su vida; su época negra.

«Como Frida, tenía que autorretratarse para verse a sí misma»

Nos encontramos en un restaurante del centro de la ciudad de México. El escritor Andrés Henestrosa retrocede el calendario casi setenta años, cuando llega de Oaxaca a la capital. Es de las contadas personas que conocieron a Nahui Olin y que aún viven. «Sí, hablemos de ella, la conocí muy bien.»

Mire usted, yo viví en casa de Rodríguez Lozano por algún tiempo y conocí a Nahui cinco o seis años después de su separación. Era una mujer muy dotada, de línea genial. Poetisa, pintora notable y de gran imaginación. Hizo unos poemas extrañísimos, proféticos; escribió sobre la bomba atómica y los viajes interespaciales antes de que sucedieran. Pintó mucho, sobre todo autorretratos, y fue también una mujer muy fotografiada.

Nahui era de esas personas, como Frida Kahlo, que se desconocen, que no se encuentran, que no saben quiénes son, que se fotografían y se autorretratan para verse a sí mismas. Eso sí, Nahui hizo su vida como le dio la gana.

Fue amiga mía, sí, pero yo le tenía miedo. En primer lugar, por su físico, sus tremendos ojos, su mirada. No era una persona normal, sino extrañísima, y de una belleza que era un espectáculo.

Al llegar a México me interné en la Escuela Normal para Maestros, que compartía el edificio con Educación Pública, en la esquina de Argentina, Luis González Obregón y Venezuela. Pero debo decirle que México, todo México, estaba en Educación Pública con José Vasconcelos. Ahí estaba la cultura, la renovación, los planes de redención colectiva mediante la alfabetización, el libro, el aula, el arte, la pintura, la literatura, el grabado, el dibujo... Y eso me permitió conocer a mucha gente. Diego pintaba en la SEP; a la vuelta, en el Templo de la Encarnación, estaba Roberto Montenegro; en la Preparatoria, Siqueiros, Orozco, Fernando Leal, Ramón Alva de la Canal, Fermín Revueltas; en San Pedro y San Pablo pintaba Montenegro, y en la sección cuatro, el Dr. Atl. Y Nahui Olin estaba en todo eso.

Íbamos a comer al ex convento de La Merced, donde Atl y Nahui ofrecían frecuentemente banquetes. Él era un gran cocinero; ella servía la mesa. Peleaban mucho. Un día, ella le vació la olla de mole en la cabeza. Luego se separaron y ella tuvo amores pasajeros, de una sola vez. Llevaba una vida sexual desordenada o muy intensa. Cuando peleaba con algún hombre editaba manifiestos y los colgaba en las calles o los leía en voz alta a sus amigos.

Poco a poco enloqueció y vivió en la extrema pobreza. Nunca pidió limosna, pero provocaba que se la dieran.

No soy rica
y hago trampa
frente a los adinerados
que se preocupan
por ser ricos
en amor
como yo

Nahui pinta
y sus plazas de toros la llevan más allá del naíf
a un estilo muy personal.

Ella se dibuja con Matías Santoyo bailando...

...Él le escribe apasionadas cartas.

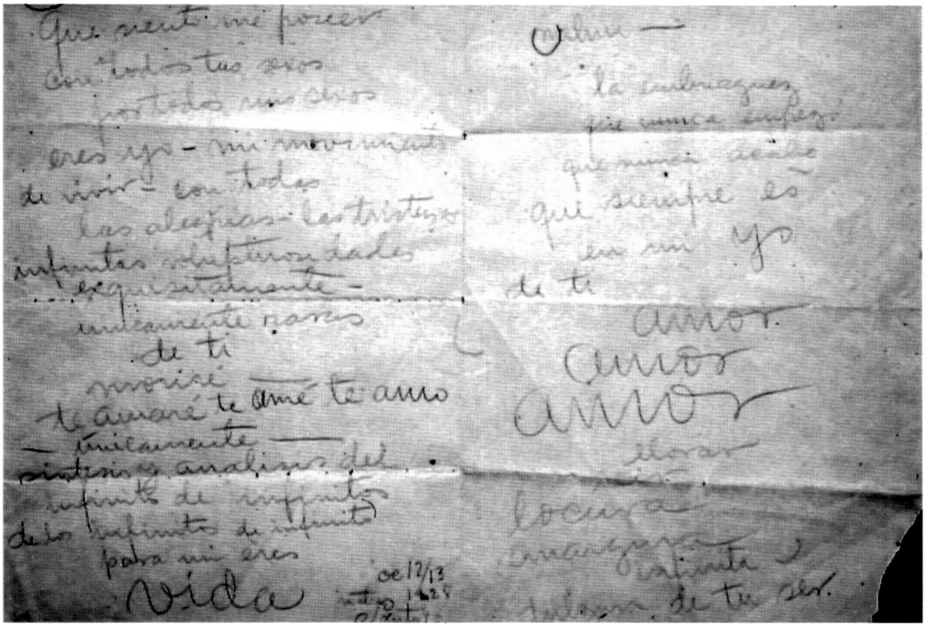

Que siento me poseer
con todos tus [illegible]
por todos mis [illegible]
eres yo – mi movimiento
de vivir – con todos
las alegrías – las tristezas
infinitas voluptuosidades
exquisitamente –
únicamente [illegible]
de ti
moriré
te amaré te amé te amo
— únicamente —
síntesis análisis del
infinito de infinitos
de los infinitos de infinito
para mi eres
vida

[illegible] —
la embriaguez
que nunca empezó
que nunca acabe
que siempre es
en mí yo
de ti
amor.
amor
amor
llorar
locura
[illegible]
infinita
[illegible] de tu ser.

La pintura de Nahui
es gozo, juego, color,
como el circo.

Los salones de baile
son para Nahui
una invitación a la pintura.

Como las artistas de su época, pero con un lenguaje propio,
Nahui retrata al pueblo de México.
El panteón.

El Bautizo,
es, como otras fiestas populares,
un motivo para pintar.

La aristocracia y el pueblo
conviven en
La boda.

También
lo hacen en
La pulquería.

La vendedora de flores,
*otro óleo de Nahui
de esta época.*

El ranchito.
Los escenarios y personajes rurales
son frecuentes en la obra de Nahui.

En la pintura,
Nahui Olin nos cuenta su vida, sus amores, sus alas anheladas.
Ella con Matías Santoyo en la azotea.

En el amor, como en el arte, la libertad
mueve a Nahui, fluye su erotismo
en El abrazo.

El desnudo,
el autorretrato, la azotea
son temas constantes en Nahui.

El muelle (1930).
Nahui Olin.

Autorretrato.
Sin fecha.

Me es fácil hacer trampa
porque me visto bien
sin un centavo

No soy rica
pero le hago trampa a la vida.

Como ladrones
todos pagan
la felicidad
que yo he encontrado
sin un centavo

Maniquíes
no se mueven
por miedo
a que se les caiga
el dinero gastado

...

Soy más rica
que ellos
lo tengo todo
sin un centavo.
Hago trampa, por eso soy rica.

(Fragmento de «Je ne suis pas riche»,
Calinement je suis dedans)

–¿Por qué la abandonaron sus amigos?

–Ella se abandonó y se olvidó a sí misma. Máximo Gorki habla del ex hombre, y Nahui era una ex mujer. Daba pena ver a una amiga en ese estado de derrota. Recordar a las personas en sus tiempos gloriosos y verlos en ruinas produce, por lo que a mí toca, un gran dolor, una enorme lástima, porque pienso que a mí mismo puede ocurrirme algo así. Al final, tanto Nahui como Manuel andaban a la caza de un interlocutor. A ella le gustaba caminar por Madero. Andrajosa, hecha un desastre, caminaba sola hablando en voz alta. Ni la sombra de lo que fue: una de las mujeres más bonitas de su tiempo.

La de Nahui –continúa Henestrosa– es una época que debe reconsiderarse. Aquellos veintes constituyen una etapa que define a México y lo caracteriza, y sus personajes, independientemente de todo prejuicio de orden moral o religioso, son de otras dimensiones, de otras medidas. Gente como Tina, Frida, Lupe Marín, Nellie Campobello o Nahui empiezan a brillar en los veintes, tiempos de Calles, Obregón, Martín Luis Guzmán, Vasconcelos y Alfonso Reyes. Son nombres y acontecimientos que nos anteceden, y hay que ponerles atención y oponerlos a lo que se nos viene encima.

Cuenta el escritor que durante treinta años no tuvo casa, que andaba de un lado a otro con sus libros y sus papeles. Entre 1927 y 1929 vivió en casa de Antonieta Rivas Mercado.

Ahí pasé del huarache al Packard último modelo, del sarape a las sábanas holandesas de lino, del taco al caviar, del mezcal a la champaña y del tepache al coñac. Conocí muy bien a Antonieta. Forma parte de mi autobiografía, que estoy escribiendo, y puedo decirle que hay un capítulo sobre Nahui. Aquellas mujeres, Tina, Frida, Lupe, Nahui, son en su tiempo lo que Sor Juana Inés de la Cruz fue en el suyo: son las que rompen con la tradición femenina. Sor Juana es hija bastarda, pero Antonieta, que es de una clase social tan cerrada, logra romper con las normas. Con ella, con Lupe Marín y con Nahui comienza la mujer moderna. Ellas son las primeras liberadas, y no hablo de la mujer liberada para ser jefa o presidenta; me refiero a la libertad del comportamiento humano, de la pelea contra los prejuicios, las tradiciones, las preocupaciones.

De Nahui hay que rastrear sus obras, buscar sus cartas, sus apuntes, identificar a las personas. No hay que abordarla con morbosidad, sino como un elemento útil para la comprensión de una etapa de México importante en nuestro desarrollo.

Nahui Olin, el 11 de agosto de 1928 en Ovaciones, Semanario de Arte y Belleza.
*Dice el pie: «Estudio artístico de desnudo de mujer, logrado por la Metro Goldwyn Mayer
con el admirable modelo de nuestra hermosa compatriota, la artista Nahui Olin.»*

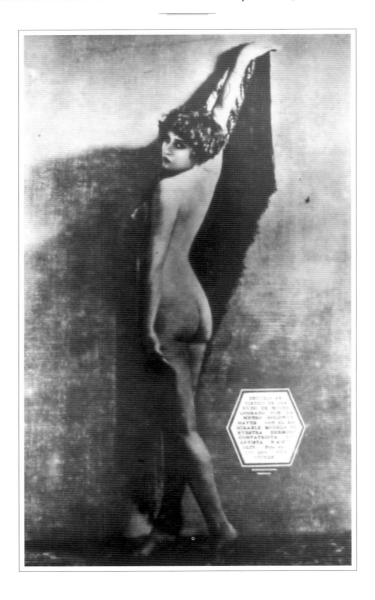

No a Hollywood, sí al desnudo

**E**ntre 1927 y 1928, la ciudad de México es escenario de balas, contiendas culturales e intensos encuentros amorosos.

A fines de 1927, con Plutarco Elías Calles en el poder, el padre jesuita Miguel Pro Juárez regresa de Europa para ejercer el culto religioso en la clandestinidad. Es fusilado.

Elena Poniatowska habla de estos episodios: «Tras de los bailes venían las balas, o a lo mejor los disparos se preparaban en los bailes. A Álvaro Obregón le gustaba bailar en el Country Club con las muchachas bonitas y lo hacía muy bien con su único brazo. En plena persecución religiosa, los bailes eran un desahogo. También las misas. "¡Viva Cristo Rey!" "¡Viva la Virgen de Guadalupe!" "¡Muera el mal gobierno!"» Y la historia, se sabe, culmina el 17 de julio de 1928, con el asesinato de Álvaro Obregón a manos de un fanático, León Toral (*Bailes y balas, Ciudad de México, 1921-1931*).

En el terreno de la cultura, y frente a la Escuela Mexicana de Pintura y el nacionalismo, se da a conocer la corriente artística denominada Los Contemporáneos. La integran Salvador Novo, Xavier Villaurrutia, Carlos Pellicer, Jorge Cuesta, Gilberto Owen, Bernardo Ortiz de Montellano, Enrique González Rojo, José Gorostiza y Jaime Torres Bodet. Algunos historiadores, apunta Carlos Monsiváis, incluyen también a Celestino Gorostiza, Elías Nandino, Octavio G. Barreda y Rubén Salazar Mallén. Y en otros campos, «pero con intensas corres-

Nahui Olin en la revista Ovaciones, Semanario de Arte y Belleza, *14 de julio de 1928.*
El pie de foto original dice: «Nahui Olin, la espiritual y marmórea artista por alma,
que ha triunfado en México con su arte inquieto y multiforme va ahora en pos
de la gloria cinematográfica y desde los talleres de la Metro Goldwyn nos envían este bello
estudio artístico de Nahui, cuya primera producción se anuncia ya bajo la dirección
de Fred Niblo, el gran conductor fílmico.»

pondencias», el músico Carlos Chávez y los pintores Agustín Lazo, Rufino Tamayo, Julio Castellanos y Manuel Rodríguez Lozano. Apoyado por Antonieta Rivas Mercado, el grupo funda el teatro Ulises, y Carlos Chávez crea, también gracias a ella, la Orquesta Sinfónica Nacional.

Por aquellos años, cuando Abelardo Rodríguez suple a Pascual Ortiz Rubio en la presidencia, se forma el Grupo 30-30 con alumnos y maestros de las Escuelas al Aire Libre.

Y en otros terrenos, Antonieta Rivas Mercado se enamora perdidamente de Manuel Rodríguez Lozano, Gilberto Owen desfallece ante Clementina Otero, Frida Kahlo y Diego Rivera preparan la boda, y Nahui Olin inicia una nueva relación amorosa, esta vez con el pintor y caricaturista Matías Santoyo.

Este último es miembro de la sociedad Rosacruz y de la orden Acuarium (quizá por eso firmaba «Santo-yo»). Vivía en la calle de Madero, cerca de la Casa de los Azulejos. Henestrosa lo recuerda como «un hombre hermoso, pero pintor menor, que había empezado sin concluir la carrera de medicina para entablar con Nahui una relación tenebrosa».

Durante este periodo (1927-1928), el también escenógrafo viaja con Nahui Olin a Hollywood, donde a ella le proponen filmar una película. Según informa Tomás Zurián, es Rex Ingram, el director de Greta Garbo, quien la invita a participar. La belleza de Nahui lo ha deslumbrado.

En el viaje, Nahui y Matías deciden sorprender a Edward Weston. El 13 de enero de 1928, el fotógrafo registra en su diario (*Daybooks of Edward Weston*):

Sombras de México: ¿quién aparecería anoche? ¡Nada más y nada menos que Nahui Olin y Matías Santoyo! En verdad, me quedé boquiabierto con la sorpresa de ver a Nahui. Matías no entró en mis notas de México. Sólo lo conocí casualmente allá. Anoche hizo una caricatura de mí, registrando puntos prominentes de mi anatomía [...] Los llevé de regreso a su hotel –están viviendo juntos–, donde me mostró varias caricaturas en escultura –Calles, Cabral– excelentes.

Nahui me dio un libro suyo reciente. Como portada fue usada una de mis fotografías, pero no es una de la que yo esté orgulloso. Lástima, ya que el retrato suyo que uso en mi colección aún conserva su lugar como una de mis mejores obras. Disfruté esa tarde [...]

Dos días después, Weston escribiría:

Llevé a los recién llegados al museo. Matías llevó su trabajo: el resultado puede ser una exposición [...] Nahui y Matías se están quedando en el Biltmore: ¿cómo aterrizaron ahí?, me pregunto. Los ayudé a mudarse a departamentos más cercanos [...] Matías estaba pagando ocho dólares diarios por un agujero llamado cuarto.

En esos años, *Ovaciones* publica varios desnudos de Nahui Olin. Dos de ellos, que aquí se reproducen (pp. 132 y 134), son estudios de la Metro Goldwyn Mayer. Sin embargo, ella no hace ninguna película. Y es que –comenta Zurián– quizá vislumbra que la quieren convertir en símbolo sexual y por eso rechaza los contratos.

Para Nahui, el desnudo no es un medio para vender su cuerpo, sino una manera de expresarse. Por eso vuelve a México y posa para el fotógrafo Antonio Garduño. Y habla su cuerpo desnudo que se acuesta, se sienta, se arquea, se cubre a medias con un abrigo; hablan sus caderas, envueltas con un collar; sus muslos, que rozan los flecos de un chal. Y así le habla a la sociedad de los años veinte acerca de una nueva manera de ser mujer.

Dice José Emilio Pacheco: «Fue preciso esperar a la revolución sexual y a los setenta para que aparecieran en letra de molde los términos sexuales que medio siglo atrás Nahui Olin prodigó en sus escritos y cayera el último tabú de la desnudez: el vello púbico que Carmen Mondragón muestra desde 1928 en las fotos de Antonio Garduño».

Ella participa:

«Nahui Olin
invita a usted
a su Exposición de Desnudos,
fotografías hechas por el artista Garduño,
que estará abierta a sus invitados
del 20 al 30 de septiembre de 1927,
de 4 a 7 p.m.,
en la 2a calle de 5 de Febrero No. 18. Azotea.»

Y la casa de Nahui Olin se tapiza de fotografías y de miradas atónitas que ven, fijas en los muros, las imágenes congeladas de esta mujer que rompe con todas las normas establecidas, incluidas las de la belleza.

Fotografías de Antonio Garduño que Nahui exhibe en la azotea de su casa.

Fotografía de Nahui Olin.
«Como mujer se parece al mar que tiene oleaje de caricia y tempestades de tragedia»:
Leonor Gutiérrez.

Las musas de la época

Una investigación de muchos años en torno a Los Contemporáneos le reveló a Miguel Capistrán la importancia de la participación femenina en el desarrollo de la sociedad mexicana y en la creación artística de los años veinte. Se pregunta:

¿Qué hubieran hecho Los Contemporáneos sin Antonieta Rivas Mercado? Es la época de Isabela Corona, Clementina Otero, María Asúnsolo, Dolores del Río (quien rompe con su status para irse a Hollywood), Amalia Caballero de Castillo (subsecretaria de Asuntos Culturales), Alma Reed, Tina Modotti, Frida Kahlo y Nahui Olin. Ellas brillan cuando las mujeres eran consideradas menores de edad, cuando no tenían derecho al voto y estaban condenadas al mando del marido o del padre. Figura también Natalia Cuesta (hermana de Jorge), mujer sensacional. Y poco después, ya en los treinta, surge la fundadora del primer gran centro del arte mexicano, de la primera galería: Inés Amor. Gabriela Mistral viene a México y colabora con José Vasconcelos, y Palma Guillén hace lo mismo. Otra mujer muy interesante es Lupe Vélez, la gran pasión de José Gorostiza, que pasó de mesera del Lady Baltimore, donde se reunían Los Contemporáneos, a corista del teatro Lírico, y después a Hollywood.

En el imperio del machismo, la participación femenina durante esta época es definitiva. La represión sexual es fuertísima. Contra el homosexualismo, ni se diga; Salvador Novo es el único que realmente lo asume retando a todo el mundo. Rodríguez Lozano, por su parte, proyecta su paternidad frustrada en Abraham Ángel, con quien establece una relación muy intensa que, sin embargo, esconde en una actitud que entra perfectamente en el esquema de represión de la época.

Y como en toda sociedad patriarcal, no se le ha dado a estas mujeres la importancia que tienen. La lucha de Frida contra la adversidad, la fascinación que causa en André Breton o Trotsky; la amistad de Antonieta con García Lorca; la rebeldía de Nahui Olin...

Son ellas las musas de la época, dice.

Bajo la mortaja de leyes humanas, duerme la masa mundial de mujeres, en silencio eterno, en inercia de muerte, y bajo la mortaja de nieve——
son la Iztatzihuatl,
en su belleza impasible,
en su masa enorme,
en su boca sellada
por nieves perpetuas,——
por leyes humanas.——
Más dentro de la enorme mole, que aparentemente duerme, y sólo belleza revela a los ojos humanos, existe una fuerza dinámica que acumula de instante en instante una potencia tremenda de rebeldías, que pondrán en actividad su alma encerrada, en nieves perpetuas, en leyes humanas de feroz tiranía.—— Y la mortaja fría de la Iztatzihuatl se tornará en los atardeceres en manto teñido de sangre roja,

en grito intenso de libertad, y bajo frío y cruel aprisionamiento aho-
garon su voz; pero su espíritu de independiente fuerza, no conoce le-
yes, ni admite que puedan existir para regirlo o sujetarlo bajo la
mortaja de nieve en donde duerme la Iztatzihuatl en su inercia de
muerte, en nieves perpetuas.——

(Fragmento de «Bajo la mortaja de nieve duerme la Iztatzihuatl
en su inercia de muerte», *Óptica cerebral)*

Desde niña, Antonieta Rivas Mercado conocía bien a Diego Rivera. Un día, el pintor la invita a una reunión en su casa, donde también estaban Roberto Montenegro, Jean Charlot y otros artistas de la época. Alguien llama la atención de Antonieta. Es una mujer de rostro pálido, vestida de blanco, con cabellos largos. Parece un ser místico.

–¿Quién es ella? –le pregunta a Lupe Marín.

–Es Carmen Mondragón, una mujer muy extraña.

El diálogo es reproducido por Katheryn Skidmore de Blair, esposa de Donald Blair (el hijo de Antonieta) y quien escribe una biografía de Rivas Mercado para contar a través del personaje la vida en el México de aquella época.

Era el despertar de México a la vida moderna –dice Katheryn–. Un despertar a choques frente a una sociedad muy cerrada, un despertar a la sexualidad abierta en un país conservador, un despertar en el que la homosexualidad tiene mucho que ver en la fuerza de Los Contemporáneos; época de burbujas levantándose en esta caldera enorme que es México. Y una de esas burbujas es Nahui Olin, esta mujer totalmente liberal a la que no le importa con quién

149

duerme porque se ha librado de lo que considera son las leyes que la han atado; empieza en México el uso de drogas como la marihuana y la cocaína. Y José Vasconcelos le da los muros al artista para que el arte se manifieste en público. Y siguen los choques. Las ideas comunistas de los muralistas frente a Los Contemporáneos en busca de una expresión individual.

El papel femenino es importante. Sin embargo, para Skidmore, si bien se habla de mujeres liberales y creativas, éstas aún no se independizan y requieren del apoyo del hombre.

¿Cómo hubieran reconocido a Frida Kahlo sin Diego Rivera? Antonieta se enamora de Rodríguez Lozano, un hombre sofisticado dentro de un grupo que no lo era; un hombre que sabía de música, que había viajado a Europa, muy culto, y que, sin embargo, era homosexual. Pero en el fondo era una especie de asesor espiritual de Antonieta, un *alter ego* a través de quien podía hablar consigo misma, un espejo. Y al escribir las cartas al pintor, no hace sino buscarse a sí misma, escribirse a sí misma. Se da cuenta de que la relación no tiene destino y se entrega a José Vasconcelos, retoma sus ideales de un México justo con masas educadas. Sí, era liberal, pero requería del apoyo masculino siempre; desde su padre.

A diferencia de ellas, continúa, Nahui Olin no tiene a nadie. Y la gente de su época la reconoce, pero también la desprecia. Ella lo sabe:

El cáncer de nuestra carne que oprime nuestro espíritu sin restarle fuerza, es el cáncer famoso con que nacemos –estigma de mujer– ese microbio que nos roba vida, proviene de leyes prostituidas de poderes legislativos, de poderes religiosos, de poderes paternos, y algu-

nas mujeres con poca materia, con poco espíritu, crecen como flores de belleza frágil, sin savia, cultivadas en cuidados prados para ser trasplantadas en macetas inverosímiles –arbustos enormes, enanizados por mayor crueldad y sabiduría agrícola que la de los japoneses– y flores marchitas de invernadero, temerosas, tiemblan frágiles en la atmósfera pura– el sol las consume, la tormenta de la lucha de la vida con sólo su rumor las mata [...] Más otras mujeres de tremendo espíritu, de viril fuerza que nacen bajo tales condiciones de cultivadas flores, pero en las que ningún cáncer ha podido mermar la independencia de su espíritu y que a pesar de luchar contra las multiplicadas barreras que mil poderes les imponen, más que el hombre a quien le han glorificado su espíritu y facilitado sus vicios [...] luchan y lucharán con la sola omnipotencia de su espíritu que se impondrá por la sola conciencia de su libertad –bajo yugos o fuera de ellos– y la civilización de los pueblos y de los hombres hará efectivo el calor de seres de carne y hueso como ellos...

(Fragmento de «El cáncer que nos roba vida», *Óptica cerebral*)

Nahui y Agacino en Cuba,
óleo sobre cartón de Nahui Olin.

Eugenio Agacino: el encuentro en el mar

Es 1929 y en pleno centro de la ciudad de México cae asesinado el infatigable luchador social Julio Antonio Mella, compañero de Tina Modotti. Comienza la década de los treinta.

En la vida de Nahui Olin éste es el único capítulo en el que su pasión sale del centro de la ciudad de México para trasladarse al mar. Cuentan sus familiares que Eugenio Agacino era capitán de un barco, trabajaba para la Compañía Trasatlántica Española. No recuerdan si Nahui lo conoció en uno de sus viajes a Europa y se enamoró de él en el trayecto, o si lo conoció en una de sus escalas en Veracruz. Lo que es un hecho es que Nahui Olin iba cada mes al puerto en espera de su encuentro con el capitán.

Y «en una de ésas, se la llevó en el barco con él».

Salías del ascensor
atarantado
y tenías en el rostro
el reflejo del rosa
que me vestía

(Fragmento de «Au restaurant», *Calinement je suis dedans*)

153

Eugenio y Nahui en el Atlántico,
óleo sobre cartón de Nahui Olin..

En su pintura, Nahui Olin retrata esta época con gozo. La pareja en el barco, entre palmeras, bailando en la proa del navío *Habana* anclado en Nueva York, desnudos frente a la isla de Manhattan, abrazados en el océano Atlántico, en la isla de Cuba... también colorea una fotografía en blanco y negro del capitán; sobre todo, pinta la boca de un rojo intenso. Parece una relación plena.

Nahui se concentra en el amor. Lejos están México, el cardenismo y la formación de la Liga de Escritores y Artistas Revolucionarios (LEAR), de la que surgirá, poco después, el Taller de la Gráfica Popular. Lejos están el movimiento antifascista y la III Internacional, a la que se adhieren David Alfaro Siqueiros, Juan de la Cabada, Leopoldo Méndez, Pablo O'Higgins, Alfredo Zalce, Octavio Paz... Lo cercano es el mar, donde se encuentra con Agacino.

Se la lleva en el barco rumbo a España, a San Sebastián, donde ella realiza una exposición de su obra y un concierto de piano. Van también a Nantes, Francia, donde visita a su hermano Samuel, y después regresa con su capitán en el mismo barco.

La otra travesía, la interior, también termina. En 1934, Eugenio Agacino sufre una intoxicación por mariscos en Cuba y muere. Dice la leyenda que, como Penélope, Nahui Olin siguió viajando al puerto en espera de su encuentro. La familia cuenta que guardó un amargo recuerdo de su relación con Rodríguez Lozano; que de Atl, con todo y las tormentas, hablaba con cariño; a otras relaciones en el camino, como las que sostuvo con Lizardo, Orlando y Adolfo, ni las mencionaba, pero del capitán Agacino vivió enamorada hasta el día de su muerte.

¿Por qué si Nahui Olin escribe cartas tan apasionadas al Dr. Atl no se conoce una relación epistolar con Agacino?

Su sobrina, quien la acompañó en los últimos años de su vida y quien conserva su casa, narra que el intercambio de cartas se dio, y con intensidad. Las de ella las conservó Agacino; las de él desaparecieron de la casa de Nahui Olin; alguien las robó. La familia se deshizo de muchas cosas, pero las cartas existían. Cartas de amor ilustradas por el propio capitán, quien le dibujó flores,

Lejos está México,
lo cercano es el mar,
donde se encuentra con Agacino.

y le dibujó muñequitas y, sobre todo, le dibujó el mar. El mar que se quedó dentro de los ojos de Nahui.

«De que Nahui Olin tenía el mar en los ojos no cabe la menor duda. El agua salada se movía dentro de las dos cuencas y adquiría la placidez del lago o se encrespaba furiosa tormenta verde, ola inmensa amenazante. Vivir con dos olas del mar dentro de la cabeza no ha de ser fácil», dice la escritora Elena Poniatowska.

En lo futuro y hasta el día que muere, Nahui Olin hablará de este marino que se le metió por los ojos y la llenó de mar.

Amo tanto
respirar
el olor del mar
en el que nado
con los rayos del sol
en el agua

La playa
es una nueva estación
de vida
para mi cuerpo
mi espíritu
y cambio de color
como los jardines
florecidos.

Mis ojos
toman los reflejos
de los colores
que visten mi cuerpo
Cuando me baño
son mis ojos
dos mares
que se protegen
el uno al otro.

(«A la plage», *Calinement je suis dedans*)

Nahui se expresa con su rostro.

El cosmos interior

Nahui Olin va quedándose sola.
En 1934 realiza una exposición de su pintura en el hotel Regis y dos años después publica otro libro, *Energía cósmica*. En el prólogo de la edición, Leonor Gutiérrez se refiere a ella como:

> Una mujer incomprendida e inapreciable [...] Su espíritu, incapaz de amoldarse a las miserias humanas, ha ambicionado siempre los mayores goces en todas las cosas de la vida [...]
>
> Como mujer, se parece al mar que tiene oleaje de caricia y tempestades de tragedia; como escritora, hace cosas intensamente humanas y sinceras, que solamente ella es capaz de escribir, porque tal vez sea la única escritora que no tiene enroscada en la lengua y en las manos la víbora insaciable de los prejuicios mundanos [...] y escribe cosas eróticas, y escribe cosas espirituales y también escribe cosas científicas... excentricidades, que más que eso, son átomos del talento incalculable de Nahui Olin. Sus cuadros son a veces el reflejo de la sensualidad infinita de una mujer mundana, y a veces, el reflejo de un candor de niña de tres años.

La misma autora del prólogo habla de otra faceta aún más desconocida de Nahui Olin, la de compositora, y la ubica frente al piano:

Nahui hace su música, tal vez no conozca técnica, pero sabe vaciar en notas musicales los sentimientos de su alma [...] y hace pensar en cosas infinitamente espirituales, y a veces nos deja oír una vorágine enloquecedora de ruidos, que parecen arrancados al viento de las montañas, o a la ira de una tempestad.

En *Energía cósmica,* Nahui Olin publica una serie de textos poético-científicos. Escribe sobre la radiactividad, la materia, la electricidad, la energía; el infinito, la relatividad (donde habla de la teoría de Einstein expresando su desacuerdo con ella), el movimiento, las matemáticas, el cosmos, el tiempo y el espacio. Para hablar de «La relación de continuidad entre la vida y la muerte», introduce como personaje a *Menelik,* su inseparable gato, que aparece en otros poemas suyos:

En una noche en que un ser que yo había penetrado su misterio y era un algo que tenía de mi materia, un algo que era tanto como yo fuera de esta vida animal, nos encontramos los dos disfrazados de distintas cosas, yo era una mujer y él un gato negro con dos ojos, inmensidades verdes, sólo por allí se veía su fuerza y nos amamos en todas las formas intensas de cualidades que podían desarrollar nuestro espíritu, si en un milésimo de segundo ese gato de nombre Menelik, se hubiese convertido en individuo conservando su personalidad, inmenso misterio para todos, excepto para mí, conscientes él y yo de saber que no podríamos actuar con la potencia de nuestro cerebro, de nuestras fuerzas ocultas, nos matábamos a la vez para sentir juntamente la satisfacción de extendernos sin límites.

Después relata cómo «muere» con él:

En una noche del 11 de julio a las 12 y cuarto, rápidamente se le opacaron los ojos a la luz de esta vida para ver más allá en lugar indefinible, en mis manos expiraba después de manifestarme con su run-run que estaba contento conmigo al momento de evaporarse su fuerza que mantenía su carne, sentí un choque imposible de traer a las sensaciones con su mismo espíritu y pude tener doble vista, le vi sufrir, su cuerpo del abandono de su fuerza y le vi embriagarse al mismo tiempo de una satisfacción de vivir en la verdad de los hechos sin sexos ni especies, crecer y marchar en infinitos con velocidades, otras de las velocidades conocidas de la vida de los hombres y fui con él con un temor porque yo no había muerto y los restos de vitalidad orgánica me hacían cobarde porque mi constitución física me hacían irresistibles semejantes fenómenos de intensidad –yo vi– yo viví un milésimo de segundo, pero se lastimó mi organismo al grado de sentir un aniquilamiento cuando volvía la vida en dos días y caminé como sonámbula debilitada para controlar mi fuerza mecánica y vi que aquello era otra cosa distinta, que eran dos fuerzas diferentes, la vida y la muerte, vi el misterio, lo vi y sentí saltarse mi inteligencia hambrienta y por más que ella quiso quedarse, mi cuerpo la arrastró a la vida como si una obligación oculta de una misión que ahora espero definitivamente para irme ya de aquí, pues gocé tanto en el más allá en ese milésimo de segundo que ansiosa espero el choque de dolor y de goce que es la muerte de esta vida para otra más intensa, es decir, infinita y ya me esperan tantas fuerzas conocidas y desconocidas que pasaron en la vida y otras que no se aparecen en ella, pero que existen en ella y fuera de ella, y que yo veo, ya no puedo ocultar que para mí no existe el misterio y no me es permitido decir más, no por temor a nada, pero porque veo necesario lo existente tal como es para existir; yo si soy tanto y voy a ser más.——

«Un día, en la Alameda, durante un concierto de los niños cantores de Puebla de los Ángeles, la vi sentada en una banca completamente catatónica, los ojos llenos de lágrimas, y entre sus brazos, un gato muerto», recuerda la escritora Adela Fernández.

La faceta esotérica de Nahui Olin es apenas citada por quienes la han abordado desde uno u otro ángulo. En su libro *Antonieta*, Fabienne Bradu la describe: «De cuerpo menudo, con unos rasgos finísimos, prerrafaelistas, que se iluminaban bajo unos inmensos ojos verdes, Carmen ejercía en los hombres una fascinación que, con el tiempo, fue decayendo en tenebrosos ejercicios de brujería.»

¿Brujería? No, responden sus sobrinas; lo que pasa es que Nahui Olin tenía tanta energía que cuando tomaba un foco con las manos, se concentraba, lo frotaba y éste lanzaba luz. Sus ojos eran especiales, a veces verdes, a veces azules, a veces violeta. Podían mantenerse fijos mirando al sol el tiempo que ella quisiera sin inmutarse.

Capistrán reconstruye la versión de Salvador Novo: en la oscuridad, los ojos de Nahui brillaban como los de un gato y a ella le encantaba jugar con eso. Se tapaba con un velo el rostro, y al apagarse la luz, lo descubría. Entonces nada se veía más que la intensa mirada que fascinaba y aterraba.

¿Brujería? No, coincide Zurián, eso es parte de la leyenda. «Ella decía que tenía una energía extra, y yo creo que eran búsquedas de una realidad paralela a la que vivía. Mucha tradición oral ha rodeado su biografía. Lo cierto es que era afecta a todo ese sentido mágico de la vida.»

En la década de los cuarenta, el mundo exterior que le toca vivir a Nahui Olin es muy distinto al mundo lleno de magia que ella vive dentro de sí misma.

Se expande el nazismo, al Dr. Atl se le acusa de fungir como intermediario entre partidos de derecha y la Legación Alemana en México. Ya había publicado sus *Cuentos de todos colores* y su ensayo *El paisaje* cuando edita, a fines de los años treinta, *La actividad del Popocatépetl*, su primer volumen ilustrado de la serie *Volcanes de México*. Pero su actividad va más allá: escribe libros y artículos periodísticos de clara tendencia filofascista, denunciada por el órgano del Partido Comunista *El Machete*.

Cuando estalla la Segunda Guerra Mundial, Nahui se sale de su mundo interior. Deja a un lado la Alameda, los gatos, el cine francés, la comida, su pintura y su prosa. Su hermano Samuel y su familia están en Francia, viven en el puerto de Nantes y necesitan ayuda. Nahui hace lo que puede. Vende sus cuadros, y es la primera de la familia que logra enviar ayuda urgente, a través de la Cruz Roja, a los Mondragón.

A raíz de la guerra, llegan a México artistas como Vlady, Wolfgang Paalen, Leonora Carrington... En la Galería de Arte Mexicano tiene lugar la Exposición Internacional de Surrealismo, con la que el arte mexicano empieza a abrirse al arte universal. Y Lázaro Cárdenas abre las puertas del país a los refugiados españoles.

En 1941, un año después de que Manuel Ávila Camacho asume la presidencia del país, Manuel Rodríguez Lozano es acusado injustamente de robar cuatro pinturas de gran valor de la Escuela Nacional de Bellas Artes. Tres grabados de Durero y uno de Guido Reni desaparecen y él es encarcelado durante cuatro meses y medio en Lecumberri. En prisión pinta una de sus obras más importantes, *La piedad en el desierto,* que hoy se encuentra en el Palacio de Bellas Artes. Poco después realiza su mural *El holocausto* en un edificio de Francisco Iturbe, mecenas de aquella época, en la calle Isabel la Católica.

En 1945, según registra Tomás Zurián, Nahui Olin presenta tres obras en una exposición colectiva del Palacio de Bellas Artes, en la que también participan José Clemente Orozco, Germán Cueto, Leopoldo Méndez, Pablo O'Higgins, Emilio Baz Viaud y Gustavo Montoya, entre otros.

Después de esta exposición, Nahui emprende su camino al silencio.

Y es un deseo / que quema la sangre, /
que sacude los nervios, / que marchita el cuerpo...:
Nahui Olin.
Retrato de Diego Rivera realizado en carbón y pastel sobre papel en 1921.

El dolor marchita el cuerpo

En los últimos años de su vida, Nahui Olin vive con sus gatos en la casa de la calle del General Cano que hereda de su padre. Su vida, entonces a la deriva, en el abandono y la soledad, fue alimentando la leyenda.

Se sabe, según ha investigado Tomás Zurián, que en la década de los cincuenta trabaja como profesora de dibujo en una escuela primaria vespertina y que cada quincena, al recibir su sueldo, se dirige al Casino Español, en la calle de Bolívar, para gastar su dinero en una buena comida, y que con lo que le sobra compra carne para repartir entre los gatos que se reúnen en el ala poniente del Palacio de Bellas Artes, y que en los días siguientes come en un dispensario de la Secretaría de Salubridad. Le encanta ir al cine Prado y la Alameda es como su hábitat natural.

También se sabe por la familia que el presidente Miguel Alemán le ayuda a conseguir una pensión en el Instituto Nacional de Bellas Artes. Antonio Luna Arroyo cuenta que su hermana Guadalupe, directora de la escuela primaria donde Carmen da clases, es ascendida a una escuela secundaria y se la lleva con ella.

Tanto en la escuela como en la calle, Nahui Olin tiene problemas con los niños. La apedrean y le gritan hasta que su sobrina sale al rescate. Sin embargo, dice ella, «la mirada penetrante de Nahui se tornaba nostálgica cuando veía a esos chamacos; quizá pensaba en su hijo».

Para estas fechas, Nahui Olin sigue pintando. Uno de sus principales clientes y amigos es el doctor Raoul Fournier. Aunque algunos estudiosos ubiquen su pintura en el estilo de las Escuelas al Aire Libre o en el naíf, a ella no le interesa formar parte de tendencias o escuelas establecidas.

En su trayecto como pintora nace el muralismo, la Escuela Mexicana de Pintura, las Escuelas al Aire Libre, Los Contemporáneos, grupos que se abren a la expresión de tendencias internacionales y de la posguerra. Ya en los años cincuenta aparecen en escena pintores como Alberto Gironella, Gunther Gerzso, Cordelia Urueta, José Luis Cuevas, Vicente Rojo y los hermanos Pedro y Rafael Coronel, entre otros que, independientes de los canales oficiales, exhiben en galerías privadas. Y Nahui Olin sigue su propio rumbo de manera aislada.

En su libro *Recuento fotográfico*, Lola Álvarez Bravo cuenta a José Joaquín Blanco un encuentro con la Nahui Olin de esos años, cuando la belleza de esta mujer se había esfumado ante los ojos del mundo, pero permanecía ante la imagen que ella veía en su espejo. Narra Lola Álvarez Bravo:

> Juan Soriano y Diego de Mesa me habían estado muele y muele con que querían conocer a Nahui Olin, y finalmente los llevé a visitarla. Ella y Lupe Marín habían sido las mujeres más hermosas de México. Se casó con Rodríguez Lozano, y con él empezó a tener mucho éxito social, y con su pintura, que era muy *naïf* y empezó a ser muy cortejada; dicen que también entonces empezó a aficionarse a cosas raras de tomaderas, fumaderas, drogas o algo así. Nahui dejó luego a Rodríguez Lozano y se fue a vivir con el Dr. Atl; hay un retrato preciosísimo que le hizo y que hace poco se subastó en Nueva York. Pero con el Dr. Atl se siguió desenfrenando, hasta llegar a como yo la conocí. Me decía que todo el mundo estaba enamorado de ella, por haber sido tan hermosa...
>
> ...

Es inútil
saber
que una es bella
si alguien
no nos lo dice
y lo redice

La coqueta
cambia
encuentra una nueva manera
de gustar
ser deseada
no se cansa
de arrancar el deseo
del mundo entero

Coqueta, tranquilízate
siempre habrá alguien
que diga
y rediga
que eres bonita

(Fragmento de «C'est une coquette», *Calinement je suis dedans*)

Ese día, Nahui explica a la fotógrafa y a los otros visitantes: «Tengo un novio que es marino. Tuvimos un romance precioso. Vengan, que les voy a enseñar su retrato». Y, dice el testimonio, «nos metió a un cuarto donde estaba colgada una como sábana *king-size,* enorme, con un atleta rosa pintado en el centro, lleno de músculos que le saltaban por todas partes y en posición de fortachón, presumiendo los bíceps; un cuerpo rosa, así nudoso de tanto músculo, con una trusa negra chiquitita, pero que tenía los mismos ojos y la misma boca de Nahui. Estábamos impresionadísimos.»

–Pues ya ven, todas las noches me acuesto con él; descuelgo esto, y con él me tapo y ya dormimos juntos muy contentos. Porque mira, yo siempre he estado enamorada de él, entonces, un día nos fuimos a Veracruz, porque él es capitán de un barco y ya en Veracruz me dijo que lo esperara mientras él iba a arreglarlo todo. Ahorita vengo, me dijo, y yo cogí mi petaquita y me senté un rato a esperarlo en el muelle; pero como se tardaba mucho en regresar y yo tenía cosas muy importantes que arreglar en México, me vine, y ya él vendrá acá a recogerme cuando termine de preparar que me reciban los reyes de España para mi exposición.

También les habló de su obra:

–Mi pintura, como todas las cosas que yo hago, es muy intuitiva. Todo lo sé hacer yo por mi amigo el sol; aquí, en mi casa, de toda la gente que se viene a burlar de mí, de los muchachos que me apedrean, es el sol quien me defiende. En la mañana, el sol baja, me despierta, me hace mis cariños, se sienta a platicar conmigo en la cama... Si todavía existimos es porque yo le he rogado al sol que pare la destrucción del mundo...

Según la fotógrafa, «Nahui decía que preparaba un menjurje infalible para atrapar a los hombres, que nomás se los daba y decía: "San Martín Caballero, tráeme al hombre que yo quiero", y que el santo se los traía...»

Diego de Mesa le perdió la pista mucho tiempo, hasta que una vez se la encontró en el ascensor de Bellas Artes. Reproducimos a continuación el diálogo recreado por Elena Poniatowska:

–¿Qué tal Nahui, cómo estás?

–Yo bien.

–¿Qué estás pintando?

–Oye, me haces favor de no burlarte de mí.

–¿Cómo burlarme de ti?

–¿Ah, no? Sabes que yo vengo a ver a Carlitos.

Era Carlos Chávez.

–¿Sí?, pues qué bueno, allá vamos. Yo también vengo a verlo.

–Sí, porque va a poner una sinfonía que yo escribí. Nada más que yo como todo lo hago intuitivamente porque me nace, lo tuve que escribir con letra. Entonces pongo do, do, re, re y mi, fa, sol, y Carlitos, que es tan gentil, me va a escribir las notas para todos los músicos, las trompetas, los cornos, los violoncellos, los violines...

–Sí, sobre todo los violines...

–Aunque no lo creas, Carlitos va a poner mi concierto; lo va a tocar la sinfónica de Bellas Artes.

–¡Ay, qué bueno, Nahuisita!

(La Jornada 28/XII/1992)

Guillermo Arriaga, bailarín y autor de la célebre coreografía *Zapata* (1953), también la grabó en su memoria:

En los años cincuenta, justo la época de oro de la danza moderna mexicana, nosotros los jóvenes bailarines y coreógrafos que apresuradamente corríamos entre el Palacio de Bellas Artes y los estudios de la avenida Hidalgo, la mirábamos. Era una figura sui géneris que se volvió cotidianamente familiar para mí. Ella deambulaba por la Alameda rodeada de todo su universo celestial de ángeles-gatos. Ella, ya en el ocaso de su vida, con sus gatos y sus harapos, era esa mujer única, libre y extraordinaria que algún día

Gerardo Murillo, el Dr. Atl, la bautizara con el nombre de Nahui Olin.

Cuenta Lola Álvarez Bravo:

Andaba mucho por ahí, por Puente de Alvarado, como ruleteando, la pobrecita. Se ponía unos vestidos de una tela brillante brillante, pero muy corriente, totalmente ceñidos y muy muy escotados, con una florezota de papel en el pecho, y se los metía por todas partes para que se abultara cuanta curva quieras imaginarte.

La mujer que, según describe Zurián, había vestido siempre a la moda, con telas de percal y raso que acentuaban sus movimientos felinos; la mujer que, según Luna Arroyo, portaba vestidos maravillosos que le compraba Atl, como si fuera griega... esa mujer seguía viendo en el espejo a la Nahui Olin de los años veinte en su época de oro.

Para calzarme
los pies
tuve que buscar
zapatos
rojos y negros
que besan la tierra
con las puntas.
Termina el contorno de mis piernas
con los zapatos
rojos y negros
que señala
el peligro de ver
mis piernas salir
de mis enaguas
que terminan
en la rodilla.

Y amarro
mis enaguas
y las levanto
con grandes nudos
que suelto a la mirada
de aquel
que ama mis rodillas
mis pies calzados
con zapatos

ROJOS Y NEGROS

En mis pasos
que son tan diversos

inventé
al caminar
una música moderna
que reitera
las inquietudes aprisionadas
en mis pies
calzados
de rojo y de negro

COLORES

que pueden verse
sin ver
que en mi
vida
en mis pasos
en mis pies
hay

ROJO Y NEGRO

(Fragmento de «Pour me chausser», *Calinement je suis dedans*)

Pero los años veinte habían quedado atrás. Un capítulo de *Tinísima* de Elena Poniatowska (p. 616), fechado el 19 de mayo de 1940, da cuenta de un encuentro entre Tina y Nahui, las dos mujeres, las dos bellas, las dos lejos ya de su juventud:

Tina acostumbra ir a Correo Mayor a poner cartas [...] Al regreso camina dulcemente bajo los fresnos de la Alameda [...] Una mujer sola viene hacia ella, muy pintada, escotada, la falda muy corta, el pelo casi al ras: «Tina, ¿no me reconoces?, soy Nahui.»

–¡Nahui!

Tina mira los inmensos ojos verdes. En diez años, Nahui ha cambiado.

–¡Qué vieja te ves, Tina!

Ríen.

–Llegué hace poco. Estuve en la guerra de España, Nahui. ¿Y tú?

–Yo libro mi propia guerra...

Según el mismo relato, Nahui invita a Tina a su casa y le dice: «Te voy a dar un té que hago para rejuvenecer y una loción, mira qué ajada tu cara, qué mal estás.» Nahui le habla de su amigo el sol, le muestra sus pinturas, un entierro que le está pintando al doctor Fournier, un autorretrato. «En todos los cuadros hay talento, intuición, originalidad, y como ella lo escribe, *loca sed, sed insaciable, sed de esos mundos nuevos que voy creando sin cesar.*» Tina regresa a su casa, narra Elena Poniatowska, «hecha un San Sebastián».

Mientras Nahui Olin se aísla cada día más en su mundo cósmico, sus gatos, sus lecturas, sus escritos y su Alameda Central, la Tina que describe Elena Poniatowska se da cuenta: «En México se desprecia a las mujeres, se les consume, se les desecha, se les estigmatiza, se les cuelga para siempre al árbol patriarcal y allí se les ahorca. Se bambolean durante años con la lengua de fuera, el sexo al aire. Ella misma ¿pudo defenderse en 1929? La sociedad mexicana declaró que se avergonzaba de ella, la Modotti, lúbrica, descarada, procaz, indecente, extranjera, perniciosa. Por eso no quiere que la vean, la reconozcan, la manoseen. Hay que ser como las mujeres bonitas que retrató en los veintes, sigilosas páginas en blanco, inéditas, gente bien que nunca dio qué hablar. Nahui le dijo que había envejecido, bendita vejez, bendita travesía que está por terminar.»

En su *Óptica cerebral*, Nahui añade el dolor en este proceso inevitable:

El inmenso dolor que reside en el corazón, marchita el cuerpo sin ablandar el espíritu en su intenso deseo–

Y es un deseo
que quema la sangre,
que sacude los nervios,
que marchita el cuerpo,
sin ablandar la energía del espíritu, que ama su propia vida—
el deseo de ser.—
Y el cuerpo
se consume,
y el sufrir
lo mata—
lo seca
en su carne—
y el deseo infinito es mayor, y el espíritu no se ablanda en su
formidable deseo de ser, y es sólo dolor que marchita el cuerpo.

(Fragmento de «Dolor que marchita el cuerpo;
sin ablandar el espíritu en su deseo del ser»)

Sólo nueve años antes, el 11 de febrero de 1931, se vio entrar en Notre Dame a una joven mujer vestida toda de negro y con un sombrero cuyo velo le cubría la cara que se sentó en un banco y frente al Cristo crucificado se pegó un tiro en el corazón. Era Antonieta Rivas Mercado. Escritora, pionera del feminismo, promotora cultural y apasionada de la vida, apenas tenía treinta años cuando decidió quitársela. El amor no le respondió, su país lo hizo con un fraude electoral. Nahui Olin sigue su vida hasta el final. Su casa de General Cano la cobija y resguarda. La acompañan sus gatos *Menelik*, el *Güerito, Roerich...* Ahí están sus pinturas, los retratos de tantos artistas que se inspiraron en ella. Cuelga en la pared un desnudo que le hizo el Dr. Atl. Guarda también, en un baúl, sus recuerdos más queridos, sus fotos, sus cartas, dibujos de quienes la pintaron. Tiene objetos que diversos personajes de todo el mundo le regalaron a su padre, como una cajita de oro con piedras preciosas, obsequio del sah de Persia. Conserva también algunas joyas, pero un día que se había ido al centro, alguien se introduce en la casa y las roba, al igual que sus abrigos. Desde entonces, todo desconocido que se acerca a su casa recibe con sorpresa un cubetazo de agua fría procedente de la ventana del segundo piso.

Ahora, su amante es el sol. Y la encuentra en las mañanas en su cama para acariciarla. Luego la sigue hasta el centro de la ciudad, adonde acude todos los días a comer y a darle su alimento a los gatos. Dice su sobrina que «cuando ya no pudo ir al centro, se trajo a todos los gatos a su casa».

Por esta época, el Dr. Atl publica sus *Poemas*, cuyos textos están dedicados a Nahui Olin. En uno de ellos habla de su boca:

Espesa miel de panal
pulpa jugosa
de la roja fruta del nopal
boca sensual
purpúreo abismo
donde llamean todas las hogueras
del pecado mortal
boca que se abre
al calor del deseo
como la rosa al sol
boca que sonríe
bajo el centelleo de tus ojos
claros y hechiceros;
aurora que se asoma
bajo el parpadeo
de los luceros
manjar puesto en el altar
de tu cuerpo...

En otro poema escribe:

Mitológica serpiente
siniestra y emplumada
enredada
en el árbol del Bien y del Mal
De rama en rama haces saltar
hasta tus fauces abismales
mi conciencia sin ojos
y los despojos de mi voluntad.

Nahui Olin y el Dr. Atl conservan cariñosamente el recuerdo de su pasión. Ahora se tratan con sentido del humor. El vulcanólogo la llama «Mondras»; ella le dice «viejo piochas».

En su columna «Inventario», el periodista José Emilio Pacheco recuerda:

Era posible verlo en el restaurante chino del callejón de Dolores, siempre rodeado, como Ungaretti y Borges, de muchachas en flor. Si uno llegaba con Fernando Benítez tenía oportunidad de escuchar en el diálogo la historia secreta de la ciudad. Benítez escribió un libro acerca de Atl. Nunca se publicó, del mismo modo que permanecen inéditas las Variaciones sobre Nahui Olin de Homero Aridjis, único que se atrevió a acercarse a quien los jóvenes de los sesenta veíamos con el temor reverencial con que los de hoy deben contemplar a Pita Amor. Y más aún si en la alta noche uno se la encontraba en el tranvía de Tacubaya, intentando ocultar entre su corpulencia y sus harapos los gatos enfermos o malheridos que rescataba del kiosco de la Alameda.

A finales de los años veinte,
Nahui Olin se enamora del capitán Eugenio Agacino,
el que «se le metió por los ojos y la llenó de mar».

Se la lleva en su barco,
se aman en Cuba, en altamar,
en Nueva York.

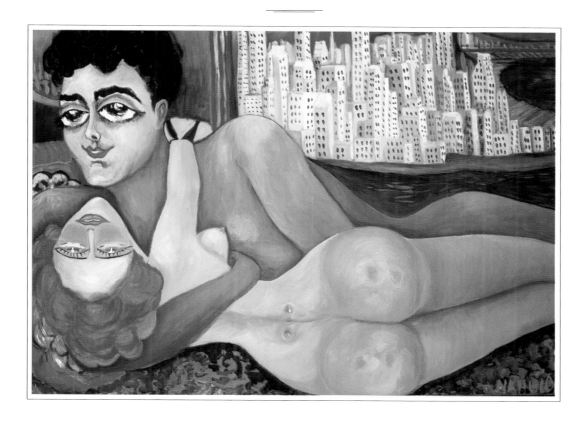

Cuando su capitán muere, Nahui, como Penélope,
sigue viajando al puerto de Veracruz en busca de su encuentro.
Ahí se autorretrata.

También se autorretrata en
Corrida de toros,
óleo encontrado en el Museo-Estudio Diego Rivera.

En la obra de Nahui Olin
hay algunos paisajes:
Caserío frente al mar.

Los Cielos nocturnos
que vivió y pintó
Nahui.

Otro paisaje
de la época,
pintado a la acuarela.

Con el paso de los años los gatos son para Nahui
más que compañeros.
Menelik, *su preferido, tiene con ella una relación simbiótica.*

Dicen que Nahui tenía un sentido del humor burlón;
su Reunión familiar *al óleo es*
una sátira a la típica familia aristócrata porfiriana.

Las calles de la ciudad, las del pueblo,
son más divertidas,
por lo menos ahí la mujer se toma sus tepaches.

Los Portales
de alguna casona antigua se quedaron en un rincón
de la memoria de Nahui.

Por su vida pasaron amigos, compañeros y amantes pintores
como Manuel Rodríguez Lozano, el Dr. Atl, Diego Rivera y Matías Santoyo,
pero ella conservó siempre su propio estilo.

Nahui se retrata en
El balcón
con sus perros.

Otra faceta del arte de Nahui
es la de la ilustración de poemas en tinta y acuarela.
L'automne (El otoño).

Y es que la poesía, como los gatos, los amores, la ciudad de México, París,
el pincel y la pluma, toman parte, hasta el final,
de la vida de Nahui Olin.

El pintor Pablo O'Higgins contó a Tomás Zurián que por los años sesenta caminaba por la Alameda cuando vio llegar a Nahui Olin. Ella tendría ya setenta y cinco años y él se quiso hacer el disimulado, pero ella lo sorprendió: «Hola, Pablito», y desvió su mirada al parachoque de un coche para señalarle: «Mira en estos brillos cómo se ven soles y galaxias.» Es decir, interpreta Zurián, «hay siempre una expectación grandiosa por la vida».

Al anochecer, en el centro, se la veía apurada, se le hacía tarde para sacar a las estrellas.

Pero nunca se le hizo tarde. Y le llevó las estrellas y también el sol a su sobrina ciega de dieciocho años: «Venía por las noches a leerme. Por ella conocí *El Quijote, Los tres mosqueteros, La historia de Francia...*»

Cuando era niña
en la noche de París
veía yo desde Neuilly
la torre Eiffel

...

y creía que las luces
hacían feliz a la gente
y que no se acostaban
para ver a las estrellas
subir al cielo negro

Lloraba, antes de dormirme
porque sentía el placer
venir con las estrellas
de la noche

(Fragmento de «Quand J'étais petite», *Calinement je suis dedans*)

Si la leyenda ubica a Nahui Olin en la locura, la mayoría de los testimonios orales lo hacen en la inteligencia.

La escritora Adela Fernández, a quien fascinó el personaje, confiesa que su obra *La prodigiosa* estuvo inspirada en Carmen Mondragón (*Vogue*, agosto de 1992).

En una ocasión la oyó en la librería Juárez comentar con Doreste, el librero, un tomo de Cesare Pavese. Y recuerda: «Estaba muy brillante, sólo con la exaltación que da el entusiasmo ante la creación literaria.» Fue él quien le habló de la poesía de Nahui definiéndola como «personalísima y de hondura». Le dijo: «No sé por qué le temen, conmigo charla durante horas con una lucidez asombrosa. Es clara, precisa y con gran fuerza en el lenguaje.»

Tan clara y precisa que un día asistió al estreno de varias obras de teatro breves en las que participaban Adela Fernández y Adelina Zendejas. Vio las escenas de los *Siete yoes* y la de *Las sonámbulas* y les dijo: «Siempre he sabido que los hombres de la tierra están ocultos bajo costrosas máscaras; si se las arrancara sólo encontraría vacío, la nada. Todos ustedes son una asquerosa nadería ¿por qué no se suicidan?... Yo me voy a dormir porque es mi deber madrugar para sacar al sol.»

Ante la incertidumbre de los participantes, alguien comprendió a Nahui: «A mí me parece que lo que le sobra es alma.»

La gente le huye, quizá le teme. Rodríguez Lozano no es la excepción. Recuerda la crítica de arte Berta Taracena que cuando estaba concluyendo el libro sobre el pintor (*Manuel Rodríguez Lozano*), un día conversaba con él en el Sanborns de Lafragua cuando la vieron. Su estado era de miseria. «Mírala, me da gusto que esté más amolada que yo», comentó él.

«Carmen era muy temperamental; lo ve uno en los retratos que le hicieron. Pero es uno de los personajes importantes de la cultura en el México de esos años, porque representa el espíritu de la época, el que tendía a la liberación de tabúes y de costumbres caducas y al descubrimiento de un nuevo modo de vida en el que destacaron mexicanos de esos años con energía, talento, inteligencia y gran vigor espiritual», dice Taracena.

Se acerca el fin de Nahui Olin cuando un día recibe la visita de Manuel Álvarez Bravo y su esposa Colette.

«Yo estaba en el Fondo Editorial de la Plástica Mexicana haciendo un trabajo sobre el Dr. Atl. Fuimos a verla para ver si había vendido todo lo que tenía de él, pero nos fue difícil platicar con ella. Como dicen ustedes, andaba en otra onda, suspiraba a cada rato: *"Oh, Paris..."*, y terminó por regalarle a Colette sus gatos y su propia casa.»

Al fin y al cabo, ella conserva lo mejor para sí misma: el sol.

A NAHUI OLIN

A Nahui Olin la Tolteca
Princesa de siete velos
Emperatriz del pincel
Y reina de los colores
Alcaldesa del dibujo,
De la línea profesora
De los contornos maestra
Y reyna de la armonía
Tú pintaste la poesía
Nahui Olin Abadesa
Es inmortal tu grandeza

Guadalupe Amor
a 23 de enero del año de gracia de 1993
(Tomado de *Memoranda*, n.º 23, marzo-abril de 1993)

Nahui Olin en su traducción literal del náhuatl:
«cuarto movimiento»,
nombre del calendario solar, de la era en que vivimos.

El sueño que la realidad borró

Hasta que leyó que en realidad había existido, el poeta Homero Aridjis vivió más de treinta años con la idea de que su encuentro con Nahui Olin fue un sueño.

Un atardecer de 1961 me encontré con una mujer muy extraña en la Alameda. Tenía el pelo pajizo y los ojos verdosos enrojecidos. Estaba moviendo la cabeza en círculos y miraba de frente al sol. Me acerqué a ella:

–¿Qué hace?

–Estoy metiendo al sol.

–Oiga, pero le va a hacer daño a los ojos.

–No, todos los días saco al sol, me lo llevo por el cielo y después lo meto.

En ese tiempo, yo estaba fascinado con los personajes poéticos de algunas obras literarias, especialmente del romanticismo alemán, como los del libro *Las hijas del fuego* de Gérard de Nerval, y al encontrarme con esta mujer, pensé que era una de ellas, pero viviendo en mi ciudad. Siempre andamos buscando la poesía en otra parte y en otra lengua, pero cuando la tenemos enfrente de nosotros no la vemos, nos pasa inadvertida, me dije.

Ella le contó al entonces poeta de veintiún años que se llamaba Nahui Olin y que era pintora. Lo invitó a su casa y él, interesado en el personaje, accedió. Se fueron caminando por Reforma hasta que llegaron a Tacubaya. Al entrar en la casa, ella cerró la puerta y apagó la luz que acababa de encender. Él se inquietó, trató de saber dónde se encontraba ella y por qué había apagado la luz, pero Nahui Olin le dijo que no se asustara, que estaba guardando el sol.

El cuarto enorme, de techo alto, olía a gato, a rancio, a hambre y soledad. Ella empezó a mostrarme sus cuadros entre *naïf* y un poco alucinados, parecidos a los que yo vería después en Saint Rémy, Francia, en el hospital donde estuvo Van Gogh. Luego me enseñó fotos de sus desnudos cuando joven, fotos y más fotos de sus desnudos. Yo no sabía el propósito de aquella exhibición privada, pensé que estaba tratando de seducirme con su pasado, con el cuerpo que había tenido, con sus recuerdos e imágenes.

Lo que me tranquilizó fue que mostraba las fotografías con inocencia, con naturalidad.

Estaba orgullosa de su cuerpo, pero había algo de inocencia en la manera de mostrarlo. Para ella parecía natural decir: «Mira mi rostro qué bello era, mira mi pelo qué hermoso...», y eso me intrigó mucho. Era como si aquellas fotos fueran su biografía, su pasado.

Y con esa misma inocencia y naturalidad me contó las historias de sus amantes, algunos de ellos muertos, algunos de ellos conocidos.

Recuerda el escritor:

Las horas pasaron como fuera de la realidad y el tiempo, como en un espacio habitado por la locura, donde lo pretérito estaba vivo, donde los difuntos estaban presentes. A cada rato, como para demostrarme que estaba soñando, recorría con los ojos las paredes llenas de cuadros con personajes retorcidos, con figuras y paisajes pintarrajeados y formados con colores chillones.

En la conversación de Nahui Olin había un tema recurrente, obsesivo, el de su padre, el de su infancia. Algo incestuoso, algo muy perturbador que la hacía volver de manera constante hacia atrás, hacia un traspatio más lejano y más perdido que el de la Nahui Olin desnuda en las fotos, hacia un atrás enmarañado en una niñez inexpresable.

Si tu me hubieras conocido
con mis calcetines y vestidos
muy cortos
habrías visto debajo.
Y Mamá me habría enviado
a buscar los pantalones
que no me gustaban
y me habría sentado
sobre tus rodillas
para decirte
que Mamá es muy mala
conmigo.
Quiere que me ponga
gruesos pantalones
que me lastiman
allí abajo.
Tú habrías
VISTO
que soy una niña
que te
GUSTA

(Fragmento de «Si tu m'avais connue», *Calinement je suis dedans*)

Después de esa infancia, su historia era un sinfín de experiencias picarescas o absurdas con personajes más o menos mediocres, más o menos solemnes, que se habían aprovechado, o enamorado, de su condición de mujer libre siempre dispuesta a entregarse. El Dr. Atl era el duende travieso, garañón y elusivo en esa trama. En la trama de una novela que se estaba plasmando delante de nuestros ojos y nadie tenía ojos para leer, imaginación para apreciar. Sobre todo, en el contexto de una cultura compuesta de gente tan acomodaticia, cortesanas y ciegas para la verdadera poesía.

Vivimos, comenta Aridjis, en un ambiente cultural muy solemne, que acepta mucho a los artistas de tipo burgués, adinerados, pero rechaza o ignora a los locos, a los marginados, «y esto fue precisamente lo que a mí me interesó de Nahui Olin». ¿Por qué a Homero Aridjis sí le interesó cuando los demás la rehuían?

Yo trataba de encontrar en la vida, en la realidad, la poesía, así que un personaje tan extraño evidentemente llamaría mi atención por mi manera de ser, por mis lecturas. Me dije: «éste es un personaje literario, un personaje poético». Ya desde la actividad que estaba haciendo en la Alameda, no era una loca común que me inspirara miedo. Era una loca poética. El hecho de que sacara el sol al amanecer, lo llevara por todo el cielo, lo metiera y se le quedara mirando con esos ojos rojos-verdosos, despertó mi interés por su mundo inmerso en la lógica de la locura y esta sobrevivencia de la niña dentro de esa locura.

Nahui Olin es el tipo de personaje que la sociedad destruye porque es de una inocencia totalmente desinhibida, sin compromisos, sincera. Una persona como ella se presta a todos los abusos de los hombres, porque mantiene esa inocencia dentro de su cuerpo. Muchos me advirtieron que cómo entablaba amistad con alguien así, pero algo intuitivo me guiaba a dejar fluir el encuentro sin temor. Me di cuenta de que el ambiente cultural en el que vivimos le tiene miedo a la locura verdadera. Tendemos a convertir en estatuas a todos los personajes de la historia patria, pero nunca reconstruimos a los seres humanos.

El encuentro fluyó; horas enteras hasta la madrugada, en las que Nahui me contó casi toda su vida. Daba la impresión de mucha soledad, de esas soledades terribles acompañadas por la pobreza. Recuerdo que tuve hambre, pero no me importó, sentí que estaba dentro de una novela y ella era un personaje.

Nahui le leyó sus textos. El poeta recuerda:

Me pareció que en algunos momentos tenía ya ese discurrir casi del enfermo mental, lo sentía, tal como en los textos finales de Antonin Artaud, que son completamente desarticulados. Hay otra lógica, y esto sí me provocaba una especie de desajuste, como si hubiera algo que tenía que arreglarse, frases, palabras dislocadas.

Lo que más llamó su atención, lo que más poético le resultó, fue la relación de Nahui Olin con el sol. Sí, dice, «era una loca iluminada por el sol».

Poco después, Aridjis y su amigo Carlos Acosta, quien también escribía poesía, se toparon con Nahui Olin. Los presentó. Pasaron varios días cuando volvió a verla, y ella le contó que estaba peleada con Acosta, porque le quería quitar el sol para meterlo él. «Estaba exaltada, fuera de sí, y amenazó: "No puedo permitir que me quite el sol; si él me hace eso, yo lo voy a matar a rayos".»

De aquel primer encuentro, en 1961, surgieron los textos de Aridjis titulados *Variaciones sobre Nahui Olin*. Aquí, el autor se propuso escribir algo en tres tiempos: la niñez, la juventud y la época en que él conoció a Nahui. Le interesó sobre todo la niña porque pensó que en esta etapa se encontraba todo lo que fue después Nahui Olin. Los textos, inconclusos, los guardó junto con el que creyó había sido un sueño. Además, como parte de un cuento mágico, la realidad había borrado a su personaje cuando él intentó buscarlo de nuevo.

Salí de México en 1966, y cuando volví con mi esposa en 1969, nos hospedamos en casa de un amigo que se encuentra precisamente en la calle de General Cano. Yo traté de ubicar a Nahui Olin, pregunté por ella a los vecinos, a mis amigos, busqué la casa. Todos me decían: «Aquí no está», «aquí no vive», como si estuviera oculta, como si ni ella ni su casa hubieran existido nunca. Entonces dudé, pensé que a lo mejor yo estuve en una casa que no existe con un personaje que ahí estuvo, pero que nadie ha visto, como en una película de terror.

Sin embargo, desde aquel quinto piso donde vivía mi amigo, se veía un patio, y en ese patio caminaba un hombre desnudo con las barbas hasta el pecho; daba el paseo del tigre, lo veíamos en las tardes horas y horas caminando en círculos alrededor de una fuente. Luego supe que se trataba de un hermano de Nahui Olin.

Era Napoleón, el menor.
Homero Aridjis no piensa terminar sus textos sobre Nahui Olin:

Pertenecen al pasado, a alguien que uno fue y que ya nunca va a volver a ser. Como un sueño, como la idea de haber entrado en un libro dentro de un tiempo encapsulado que se abrió y se cerró en sí mismo. Ahora vuelve, y al leer sus datos biográficos, veo que existió, pero era un personaje totalmente olvidado. ¿Por qué vuelve ahora? Es algo inexplicable. Nuestro país está un poco indigesto de cultura oficial, y toda esa falta de imaginación hace que de pronto Nahui Olin sea una salida. O quizás forma parte del rescate de todas estas mujeres de los veintes que estaban a la sombra de los hombres. Pero a mí no me gusta generalizar ni dar definiciones porque, como decía Franz Kafka, «to-do lo que empieza en lo inexplicable acaba en lo inexplicable». Y tal vez porque ella era inexplicable, también su regreso lo es.

El texto que Aridjis escribió sobre Nahui Olin, «la niña que corrió desnuda por el mundo», según la define, es el siguiente:

Nahui Olin escandaliza a sus padres. Acostada en su recámara mira largamente los efectos de la luz sobre las cosas. Con un placer no disimulado y con el silencio verde de sus ojos misteriosos y grandes ama los cuerpos del hombre.

De pronto, cuando los padres le hablan, ella responde con palabras extrañas, como formulando enigmas.

Cuando su padre muestra claramente su preferencia por la hija, la madre deja resbalar sobre sus cabellos dorados los dedos filosos de su caricia impía.

Sus hermanas la acusan de locura síquica y carnal. Sus amigas dicen que es una alucinada.

Hay días en que la encierran en un cuarto oscuro para que no vea a nadie, para que no escriba sus atroces fantasías. Y ella inventa el sol en esa noche, un sol que va recorriendo las paredes.

Y empiezan a asomar en sus ojos verdísimos unos rayos violetas. Y en los muros aparecen rasguños de un sol arañado. Nahui Olin piensa por vez primera en el suicidio. Pero hay otras maneras de matarse, simplemente amando hasta la extinción, hasta borrar su propia persona en otro cuerpo.

Además, no podría hacerlo, porque el sol necesita sus ojos para recorrer el cielo, los hombres necesitan su mirada para que el día pueda ser recomenzado.

México, un día otoñal de 1961.

Cubierta de Calinement je suis dedans, *Nahui Olin.*

Aliados en el camino

unto con sus recuerdos, el licenciado Miguel Ramírez Vázquez saca uno a uno los seis cuadros que conserva de Nahui Olin: *Plaza de toros, Los novios, La familia cursi, El circo, La tepachería* y otro sin título que ilustra los portales de una casona antigua.

El cuadro de la familia es una sátira muy clara a la típica familia de la aristocracia porfiriana. Los adultos escuchan a una pequeña que toca el piano, y en el centro, sobre una mesa, un *quiupi*, típico muñeco que las familias «de sociedad» ponían en su sala.

Todos son regalos que Nahui Olin le hizo a su prima Maruca, esposa del abogado.

Conocí a Maruca a fines de los años treinta, nos casamos, y por ella traté mucho a Nahui Olin. Mi esposa era hija de Julián Mondragón, primo del general, y como también ella era muy liberal, se entendían muy bien. Eran una especie de cómplices dentro de una familia sumamente conservadora. Maruca fue testigo de los amores de Nahui. Y aunque era mucho menor, convivieron siempre, desde Europa, porque mi esposa también estuvo durante el exilio de la familia tanto en Francia como en San Sebastián, España; se fue a los tres años de edad y regresó de quince.

Maruca murió hace años, pero Ramírez Vázquez conserva en la memoria el recuerdo de cuando conoció a Nahui Olin:

Fue un impacto. Cuando yo la vi, pensé: «Esta mujer tuvo que haber sido un monumento.» Muy blanca, con unos ojos preciosos y muy penetrantes, llenos de vida y de energía, a veces azules, a veces verdes, podía uno ir hasta el fondo. Ya era una mujer madura, pero seguía con toda su personalidad, el carácter fuertísimo y esa inteligencia que no todos supieron valorar.

A menudo, yo llevaba a Maruca a la calle de General Cano, y las dos se iban a comer al centro. Por supuesto, Nahui elegía el restaurante, siempre francés, y ni quien se atreviera a sugerir otra cosa. Era muy buena *gourmet*, sabía ordenar el menú y los vinos. Mi esposa invitaba siempre, porque Nahui al final se quedó sin dinero. Y siempre que andaba en apuros, iba y le vendía un cuadro al doctor Fournier.

Maruca tenía dieciocho años cuando Nahui la convenció de que posara desnuda para pintarla. A cambio, le regalaría el cuadro. La prima aceptó, posó y nunca tuvo la obra. En uno de sus apuros, Nahui tuvo que vender esta pieza, una de las que no se han localizado todavía.

Cuando el abogado conoció a Nahui Olin, ella acababa de publicar su *Energía cósmica*.

Sí –comenta– le dio por eso. Te explicaba la teoría de la relatividad o cualquiera de aquellos temas con gran lucidez. Tenía una conversación que cautivaba. Claro que hablando ella, ya nadie podía abrir la boca, nadie la podía interrumpir, lo dejaba a uno mudo. Y es que leía y estudiaba mucho. La tildan de loca, pero no, era una mujer de gran inteligencia y fue apreciada por la gente sensible que supo reconocerle sus méritos. José Puig Casauranc la valoró mucho. Mientras fue secretario de Educación, le dio un empleo como bibliotecaria. Luego Miguel Alemán le consiguió trabajo en Bellas Artes. Nunca nadie le regaló nada. Vivía de su sueldo y de sus cuadros. Yo la traté hasta el final y siempre la vi bien de la mente. Locos, nosotros.

Lo que pasa es que ya mayor todavía se arreglaba y se pintaba como cuando estaba en Francia y ya no concordaba con la moda de la época. Entonces decían que estaba desequilibrada, pero no, lo que pasa es que siguió sus costumbres sin importarle el mundo.

Ramírez Vázquez muestra otro cuadro. Se trata de *El Paricutín,* una obra del Dr. Atl realizada con cenizas del volcán en cuyas faldas pintó el paisajista. Está fechado en 1953 y con dedicatoria a Maruca.

Con el Dr. Atl también convivimos, aunque su relación con Nahui en La Merced ya había terminado. Claro que se seguían viendo con cariño. Después del ex convento, Atl tuvo otro estudio en San Juan de Letrán y luego en las calles de Pino. Ahí nos tomábamos nuestras copas; a él le encantaba el whisky, el White Horse era su favorito. Era un gran conversador, y supo, como nadie en la pintura, captar a Nahui Olin.

–¿Qué huella dejó Nahui Olin en Atl?

Fue el amor de su vida. Y ni él, que tenía el carácter tan fuerte, pudo dominarla. Ella era tan independiente que ni siquiera dejó que Rodríguez Lozano o el Dr. Atl la influyeran en su manera de pintar. Yo creo que pintaba como niña por la tormentosa vi-

El Paricutín,
obra del Dr. Atl dedicada a «Maruca» y realizada con cenizas del volcán
en cuyas faldas pintó el paisajista (1953).

da que tuvo de joven: la Revolución, la salida forzada del país, el
exilio...

–¿Y la familia?

Maruca y yo siempre la vimos como una precursora de la liberación de la mujer en México. Ella les quiso quitar la venda para
que vieran el mundo y tuvo el valor de hacerlo en aquella época.
Por eso, la familia la empezó a eliminar de sus reuniones sociales, la hicieron inexistente. Pero a ella eso no le importó nunca.

Fue quedándose sola porque nunca permitió que la mani-
pulara su familia. Era rechazada, sí, pero no por todos. Hubo
quienes la apreciaron bien y mucho.

De su hermano Manuel, Nahui Olin escribe:

Tenía un hermano mayor

MANUEL

para consentirme
de mirada hermosa
tras sus anteojos

Construía motores
revelaba fotos
admirables

Sus manos eran bellas
y amables
para abrazarme
después de los castigos
Me acariciaban para
quitarme
la pena que me ahoga
por mi esclavitud
...
Al regresar de Francia
quiso partir con Papá
que le quedaba más allá del sol

Su sueño no tuvo despertar
¡Tan joven!
quiso morir
para consentirme mejor

y se fue lejos
fuera de toda ley
para impedirme que sufriera

Tuve un hermano
para mimarme
desde lejos
fuera de toda ley

(«Pour me gâter», Calinement je suis dedans)

Y tenía sus aliados: Maruca, su hermana María Luisa y sus sobrinos Yolanda y Benjamín.

Cuando Nahui ya no podía ir sola al centro, María Luisa la llevaba, la acompañaba al cine y la invitaba a comer. Era su hermana menor, y también había tomado las riendas de su vida, a pesar de la voluntad de la familia. Ya viuda a los diecinueve años, se enamoró de un hombre divorciado y se casó con él. De ella también escribe en su poesía:

María
tan bonita
mi amiga, mi hermana
llena de frescura
apaga los dolores
de mi corazón
pequeña hermana
dale un beso a las llagas
de tu hermana

María,
eres tan bonita

que mis ojos brillan
mejor junto a ti
María
perfumas nuestras vidas
con tu nombre

(Fragmento de «Marie», *Calinement je suis dedans*)

Ya en su vejez, Nahui Olin cuenta con una aliada predilecta: su sobrina nieta Beatriz Pesado, hija de Benjamín. El recuerdo es nítido y amoroso:

La veía todos los domingos cuando mis padres iban a su casa por ella para traerla a comer con nosotros. La primera vez que la vi, mi tía Nahui –y no Carmen, porque no respondía a ese nombre– era una mujer mayor, una anciana con el pelo teñido de color naranja, los labios rojos y sus ojos enmarcados por un delineador negro.

Yo tendría unos diez o doce años cuando la vi entrar en mi casa y sentarse en la cabecera. Me impresionaron sus ojos, ¡qué tamaño descomunal!, ¡qué color azul violáceo tan extraño! Tenía el cabello cortado en redondo, estaba gordita porque disfrutaba mucho la comida, y su ropa era tan estrafalaria que a mí me fascinó.

Cuando mi tía iba a casa me deleitaba escucharla, su personalidad era arrolladora, demoledora; su visita, como reloj cada domingo durante los últimos diez años de su vida, era todo un ritual. Dicen que es una mujer de los tiempos modernos, pero no, era tan avanzada, que aun hoy seguiría siendo incomprendida. Ella lo decía: «Mi espíritu fue demasiado ancho para este mundo» [...]

Un día nos explicó: «Miren, me retraté desnuda porque tenía un cuerpo tan bello que no iba a negarle a la humanidad su derecho a contemplar esta obra. He vivido intensamente, mi niñez fue preciosa, mi juventud maravillosa y mi vejez gloriosa.»

Eso sí, recuerda la sobrina nieta, vivía muy sola, pero así lo eligió ella. Defendió su independencia a capa y espada.

Cuando Beatriz cumplió diecisiete años, la relación creció. Todos los miércoles tomaba el autobús, recogía a Nahui y se la llevaba al centro a comer:

Íbamos al Sorrento, todos la volteaban a ver con rechazo debido a su arreglo; su mirada era tan penetrante que algunos niños lloraban al verla, pero yo estaba tan orgullosa como ella lo estaba de sí misma. Se apreciaba, se reconocía: «Mira, Beatricita, cuando yo muera, todos van a reconocer el genio que fui.»

Luego volvían a casa de Nahui:

Al principio me daba miedo entrar. Era una casa como achorizada, de tres pisos; en la planta baja había un estanquillo, ella rentaba ese pedazo a una señora que le decía *La Güerita*. Y es que o la odiaban o la querían mucho, no había medias tintas. Al entrar olía a viejo, a fúnebre, los techos eran altísimos. Recuerdo aquel retrato que hizo de su madre y el pánico que me producía verlo. Pero estar con Nahui era toda una experiencia que a mí me maravillaba, sobre todo su sentido del humor tan mordaz, su ironía. No tenía refrigerador. «¿Para qué lo quiero si mi casa es tan helada?», decía.

Beatriz recorre con sus recuerdos la casa de Nahui Olin. Lo hace con tanto cariño que lo fúnebre recobra color, la soledad se entiende como independencia y las carencias como dignidad.

Aparece en su memoria la habitación de la tía: sus muebles antiguos, su tocador, la obsesión por la limpieza, el retrato en su mesita de noche del príncipe Francisco José de Austria, de quien se enamoró a partir de la película *La tragedia de Mayerling*, que iba a ver al cine Metropolitan cada vez que comía en Sorrento. Y los libros de Alejandro Dumas, en cuyo interior vivía uno de sus ídolos de juventud: D'Artagnan.

Su recorrido llega hasta *El más allá de los gatos*, un libro de Nahui Olin que, dice, sí se publicó, pero aún no ha sido rescatado.

Un día, Nahui telefoneó a su sobrino Benjamín y Rosa María, la esposa de éste, para avisarles: «Hoy por la noche voy a estar en el programa de Manolo Fábregas.» No le creyeron, hablaron al estanquillo y la dueña les confirmó: «Sí, vino una limousine y se llevó a *La Güerita*.»

Aquel domingo, en la pantalla presentaron a Nahui Olin como musa del Dr. Atl. La otra invitada era Sasha Montenegro. Pero ni la actriz ni Fábregas pudieron hablar. Nahui se apoderó del micrófono, mostró sus fotos con orgullo, habló de Atl y denunció ante el público a su vecino por haberle pegado en las piernas, por más que ella se defendió con un paraguas.

Muchos años antes había escrito en *Calinement je suis dedans*:

En mis medias
hay algo
que es mi carne
que miran
sintiendo
placer

son medias de seda
de color
negras
que tienen

algo
adentro
que miran
de lejos
de cerca
con placer
allá
aquí
hay
en mis medias
algo
que miran
con gula
y digan lo que quieran
es mi carne
la que se ve
A TRAVÉS
de la seda
de mis medias
AQUÍ
ALLÁ

(«Dans mes Bas»)

La familia, atónita, miraba la escena. Beatriz lo hacía entonces, como lo hace ahora, con simpatía y admiración:

Porque fue libre, porque hizo lo que quiso con su vida sin importarle el mundo, porque nunca se arrepintió ni se retractó de nada, porque siendo tan bella asumió su vejez con plenitud, porque las varices que le tenían deshechas las piernas no le impidieron gozar sus visitas al centro... en resumen, por lo a gusto que estaba con su vida.

¿Cómo reaccionó el resto de la familia ante la vida de Nahui Olin? Para ellos, «era tan independiente –dice una de sus sobrinas– que no sabíamos ni lo que hacía. Simplemente, no era materia de conversación».

Era el desprecio.

Fotografía de Antonio Garduño.
Nahui Olin.

Las alas anheladas

oñando con París, Nahui asume la vejez. Ella se ve bella. Se teje el suéter que combina con las faldas plegadas que le gusta ponerse todavía. Su vida es suya. Aún le gusta comprarse ropa, vende un cuadro y se va al centro a comer o a comprarse un abrigo. Como ha engordado, adquiere tres iguales de tallas distintas, para cuando baje de peso. Pero las alcachofas, los camarones, los pulpos y la comida francesa la siguen seduciendo. Y cuando no va al centro, come en casa de su hermana María Luisa, y de ahí se va a comer de nuevo a la casa de su sobrina Tita. O al hospital Mocel, a la vuelta de la esquina. Su sobrina la lleva a cobrar el sueldo, que recibe hasta el final, y entonces sí, se dirige al Sorrento para darse un banquete y al cine a ver sus películas francesas.

Y luego vuelve a casa, donde la esperan sus ocho gatos y sus tres perros. Cuando muere alguno, va a la peletería y los convierte en tapetes para su cuarto. *El Sultán,* que era el perro más grande, está en el centro de su habitación.

La vida es una tiranía
que somete a espantosos tormentos
y cada momento
es una nueva esperanza
un nuevo sufrimiento
de una locura tiránica

que es la vida
que arrulla y derriba
ilusiones

La vida es una mentirosa
que ríe de nuestra ambición
y nos hace
sufrir
morir cruelmente

La vida le da la espalda
a nuestro destino
sin remordimientos.
Nos cree inmortales
y deja que enraíce
nuestra inteligencia
en el mundo
Sola la vida
ve nuestro fin:
la muerte

La muerte es una tiranía
de la vida

(«La Vie», *Calinement je suis dedans*)

Un día, Nahui cae y se rompe la clavícula. Se acerca el fin, al que no teme. A lo único que le tiene miedo es a los pasos en desnivel y a los fuegos artificiales. Nada más. Viene la úlcera. Una operación. Y pide a sus sobrinas que la lleven a la habitación donde nació.

Había escrito en 1924:

Quiero morir
es necesario desaparecer
cuando no se está hecho para vivir
cuando no se puede respirar
ni desplegar las alas.

Ahí, en su propio cuarto, soñándose envuelta en la imagen de aquel marino pintada en una sábana, el 23 de enero de 1978 Carmen Mondragón sufrió una insuficiencia respiratoria. Y se cerraron sus enormes ojos verdes.

Nahui Olin, 1937.

«Y naceré de nuevo ya para no morir»

En Altavista, en la Casa-Museo Diego Rivera, aún se siente la presencia de Nahui Olin.

Murió sin reconocimiento alguno, sin esquelas en los periódicos ni notas informativas. Pero volvió a nacer para las nuevas generaciones cuando Blanca Garduño y Tomás Zurián organizaron la exposición que ella hubiera querido en vida.

Por algo le repetía a su familia: «nadie de ustedes me cree, pero un día verán que de verdad soy artista».

Y Nahui volvió a la prensa. Y sus desnudos a imprimirse en todos los diarios y revistas, como en los años veinte. Y sus ojos se volvieron, de pronto, patrimonio colectivo.

La exposición de su obra viajará. Sus libros y sus cartas al Dr. Atl se releerán. Frida Kahlo, Tina Modotti y ahora Nahui Olin se convierten en elementos para comprender una parte de la historia que no se había contado.

Y se desempolvaron los cuadros que le hicieron Diego Rivera, Roberto Montenegro, El Corcito, el Dr. Atl y García Cabral. Y las fotos de Antonio Garduño y Edward Weston fueron enmarcadas. Y quienes conservaban obra suya la admiraron de nuevo.

Ahora, las biografías, las obras de teatro y las películas están en camino.

Parecen oírse de nuevo las palabras que dijo Nahui Olin a su sobrina: «¿Sabes qué? Yo no me voy a morir.»

Y Carmen Mondragón, Nahui Olin, vuelve.

Independiente fui, para no permitir pudrirme sin renovarme; hoy, independiente, pudriéndome me renuevo para vivir–

Los gusanos no me darán fin –son los grotescos destructores de materias sin savia, y vida dan, con devorar lo ya podrido del último despojo de mi renovación– Y la madre tierra me parirá y naceré de nuevo, de nuevo ya para no morir:...

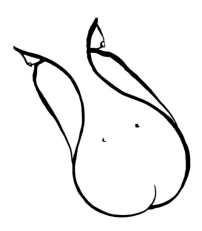

Fragmento
de un autorretrato
en tinta china.

Bibliografía

ÁLVAREZ BRAVO Lola, *Recuento fotográfico*, Editorial Penélope, México, 1982.

ANDRADE Lourdes y Tomás ZURIÁN, «Nahui Olin, "musa de pintores y poetas"», *México en el arte*, n.º 10, Nueva Época, INBA / CULTURA / SEP, México, otoño de 1985.

AUTORES VARIOS, *Dr. Atl. Conciencia y paisaje*, Departamento de Investigación del Museo Nacional de Arte (*Cronología. El Dr. Atl y su tiempo* por Armando Castellanos, Monique Lafontant, Mirella Lluhi y Alma Lilia Roura), México, 1984.

–, *Edward Weston, Photographs from the Collection of the Center for Creative Photography*, Universidad de Arizona, Tucson, 1992.

–, *Historia General de México*, Tomo IV, El Colegio de México, México, 1980.

BARCKHAUSEN-CANALE Christiane, *Verdad y leyenda de Tina Modotti*, Editorial Diana, México, 1992.

BRADU Fabienne, *Antonieta*, FCE, México, 1991.

CASADO NAVARRO Arturo, *Gerardo Murillo. El Dr. Atl*, Instituto de Investigaciones Estéticas, UNAM, México, 1984.

CASASOLA Gustavo, *Seis siglos de historia gráfica de México. 1325-1989*, Volumen VI, Editorial Gustavo Casasola, Archivo Casasola / INAH / CNCA, México, 1989.

CONGER Amy, *Edward Weston, Photographs from the Collection of the Center for Creative Photography*, Universidad de Arizona, 1972.

CHARLOT Jean, *El renacimiento del muralismo mexicano, 1920-1925*, Editorial Domés, México, 1985.

DEBROISE Olivier, *Figuras en el trópico, plástica mexicana 1920-1940*, Ediciones Océano, México, 1983.

GARDUÑO Blanca y Tomás ZURIÁN, *Nahui Olin, una mujer de los tiempos modernos*, Museo-Estudio Diego Rivera /INBA / CNCA, México, 1992. Catálogo de exposición.

HERRERA Hayden, *Una biografía de Frida Kahlo*, Editorial Diana, México, 1985.

LUNA ARROYO Antonio, *El Dr. Atl. Sinopsis de su vida y su pintura*, Editorial Cultura, México, 1952.

–, *Jorge González Camarena en la plástica mexicana*, UNAM, México, 1981.

MADDOW Ben, *Edward Weston, his life*, Aperture Foundation Inc., Nueva York, 1989.

MADDOW Ben y Cole WESTON, *Edward Weston, Photographs from the Collection of the Center for Creative Photography*, Aperture Inc., Nueva York, 1979.

MURILLO Gerardo (Dr. Atl), *Gentes profanas en el convento*, Ediciones Botas, México, 1950.

–, *Poemas*, editado por Vargas Rea, México, 1959.

MUSACCHIO Humberto, *Diccionario Enciclopédico de México. Ilustrado*, Andrés León editor, México, 1989.

NAHUI OLIN, *A dix ans sur mon pupitre*, Editorial Cultura, México, 1924.

–, *Calinement je suis dedans*, Librería Guillot, México, 1923.

–, *Energía cósmica*, Botas Editor, México, 1937.

–, *Nahui Olin*, Imprenta Mundial, México, 1927.

–, *Óptica cerebral, poemas dinámicos*, prólogo del Dr. Atl, Ediciones México Moderno, México, 1922.

OROZCO José Clemente, *Autobiografía*, Ediciones Occidente, México, 1945.

PELLICER Carlos y Rafael CARRILLO AZPEITIA, *La pintura mural de la Revolución Mexicana*, Fondo Editorial de la Plástica Mexicana, México, 1985.

PONIATOWSKA Elena, *Bailes y balas. Ciudad de México, 1921-1931*, Archivo General de la Nación, México, 1992.

–, *Tinísima*, Ediciones Era, México, 1992.

RIVAS MERCADO Antonieta, *87 cartas de amor y otros papeles*, Universidad Veracruzana, Jalapa, 1980.

RIVERA Diego, *Mi arte, mi vida*, Editorial Herrero, México, 1963.

RIVERA MARÍN Guadalupe, *Un río, dos riveras, vida de Diego Rivera 1886-1929*, Alianza Editorial Mexicana, México, 1989.

RODRÍGUEZ LOZANO Manuel, *Pensamiento y pintura*, UNAM, México, 1960.

SABORIT Antonio, *Una mujer sin país, cartas de Tina Modotti a Edward Weston 1921-1931*, Editorial Cal y Arena, México, 1992.

TARACENA Berta, *Manuel Rodríguez Lozano*, UNAM, México, 1971.

WESTON Edward, *The Daybooks of Edward Weston. Volumen I: Mexico*, Aperture Foundation Inc., Nueva York, 1961.

–, *The Daybooks of Edward Weston. Volumen II: California*, Aperture Foundation Inc., Nueva York, 1961.

WOLFE Bertram D., *La fabulosa vida de Diego Rivera*, Editorial Diana, México, 1986.

Índice onomástico

Índice de ilustraciones

Pág. 40
Vintage. Gelatina sobre
bromuro.
1924. Anónimo.
COLECCIÓN:
TOMÁS ZURIÁN UGARTE.

Pág. 44
Fotografía en blanco
y negro.
Sin fecha. Localizada
e identificada por Enrique
Cervantes Sánchez en
el Archivo fotográfico
Díaz Delgado y García
del Archivo General
de la Nación.
COLECCIÓN: AGN.

Pág. 46
Fotografía en blanco
y negro.
Sin fecha. Localizada
e identificada por Enrique
Cervantes Sánchez en
el Archivo fotográfico
Díaz Delgado y García
del Archivo General
de la Nación.
COLECCIÓN: AGN.

Pág. 48
Carboncillo y lápiz sobre
papel.
Sin fecha. Dr. Atl.
COLECCIÓN:
LOURDES SOSA.

Pág. 49
Girasoles.
Óleo sobre tela.
Sin fecha. Nahui Olin.
COLECCIÓN:
YOLANDA VIADERO.

Pág. 50
Autorretrato.
Óleo sobre cartón.
Sin fecha. Nahui Olin.
COLECCIÓN:
JEANNETTE MONDRAGÓN
Y KALB.

Pág. 51
Nahui Olin pelona.
Pastel sobre papel.
Sin fecha. Dr. Atl.
COLECCIÓN:
ELDA PERALTA.

Pág. 52
Nahui Olin pelona.
PASTEL SOBRE PAPEL.
1923. Dr. Atl.
COLECCIÓN: ELDA PERALTA.

Pág. 53
Retrato de Nahui Olin.
Color sobre placa
de yeso.
Sin fecha. Dr. Atl.
COLECCIÓN: MARTHA
AGUIRRE DE ROMERO.

Pág. 54
Fragmento del mural
Día de Muertos.
Secretaría de Educación
Pública, patio de las
fiestas. Fresco sobre muro
directo.
1923-1928. Diego Rivera.
COLECCIÓN: SEP.

Pág. 55
Fragmento del mural
La creación.
Anfiteatro Bolívar, Escuela
Nacional Preparatoria.
Encausto sobre muro
directo. 1922-1923.
Diego Rivera.
COLECCIÓN: UNAM.

Pág. 56
Fragmento del mural
Historia de México.
Palacio Nacional.
Fresco sobre muro directo.
1929. Diego Rivera.
COLECCIÓN: SHCP.

Pág. 57
Nahui Olin.
Óleo sobre tela. Sin fecha.
Roberto Montenegro.
COLECCIÓN:
RICARDO DE LEÓN
BECERRA.

Pág. 124
Nahui y Matías Santoyo.
Óleo sobre cartón.
1929. Nahui Olin.
COLECCIÓN: ANNA SIEGEL.

Pág. 125
El abrazo.
Óleo sobre cartón.
Sin fecha. Nahui Olin.
COLECCIÓN:
ANDRÉS SIEGEL.

Pág. 126
Autorretrato.
Óleo sobre cartón.
Sin fecha. Nahui Olin.
COLECCIÓN: PARTICULAR.

Pág. 127
El muelle.
Óleo sobre celotex.
1930. Nahui Olin.
COLECCIÓN:
RAQUEL ESPINOZA.

Pág. 128
Autorretrato.
Pastel sobre cartón.
Sin fecha. Nahui Olin.
COLECCIÓN: PARTICULAR.

Pág. 132
Reproducción fotográfica
de la revista *Ovaciones.*
11 de agosto de 1928.
Anónimo.
COLECCIÓN:
HEMEROTECA NACIONAL.

Pág. 134
Reproducción fotográfica
de la revista *Ovaciones.*
14 de Julio de 1928.
Anónimo.
COLECCIÓN:
HEMEROTECA NACIONAL.

Pág. 138
Fotografía en plata sobre
gelatina. Sin fecha.
Antonio Garduño.
COLECCIÓN: AVA VARGAS.

Pág. 139
Fotografía en plata sobre
gelatina. Sin fecha.
Antonio Garduño.
COLECCIÓN:
TOMÁS ZURIÁN UGARTE.

Pág. 140
Fotografía en plata sobre
gelatina.
1927. Antonio Garduño.
COLECCIÓN:
TOMÁS ZURIÁN UGARTE.

Pág. 141
Fotografía en plata sobre
gelatina. Sin fecha.
Antonio Garduño.
COLECCIÓN: AVA VARGAS.

Pág. 142
Fotografía en plata sobre
gelatina. Sin fecha.
Antonio Garduño.
COLECCIÓN: AVA VARGAS.

Pág. 143
Fotografía en plata sobre
gelatina.
Copia del original.
Sin fecha.
Antonio Garduño.
COLECCIÓN: PARTICULAR.

Pág. 144
Fotografía en plata sobre
gelatina. Sin fecha.
Antonio Garduño.
COLECCIÓN:
TOMÁS ZURIÁN UGARTE.

Pág. 145
Fotografía en plata sobre
gelatina. Sin fecha.
Antonio Garduño.
COLECCIÓN:
TOMÁS ZURIÁN UGARTE.

Pág. 146
Fotografía en blanco
y negro.
Sin fecha. Anónimo.
COLECCIÓN:
ARCHIVO GENERAL
DEL PERIÓDICO EXCÉLSIOR.

Pág. 152
Nahui y Agacino en Cuba.
Óleo sobre cartón.
Sin fecha. Nahui Olin.
COLECCIÓN:
OCTAVIO DÍAZ ALDRET.